僕らはみんな病んでいる
リアル精神疾患ルポ
「裏モノJAPAN」
編集部編
JN153878
鉄人文庫

第1章　僕らはみんな病んでいる

第2章 心が壊れた人たち

第３章　あなたの精神は大丈夫か？

本書の情報は初出誌掲載当時のものです。（２７０〜２７１ページに初出一覧あり）

僕らはみんな病んでいる

第1章

アナタは「病んでない」と断言できるか？

《よく眠れない》は鬱病の初期症状

「心の病」ということばが浸透して久しい。巷ではメンタルクリニックが増え、鬱やパニック障害といった病名も頻繁に耳にするようになった。

アナタは病んでるか？

そう聞かれて、イエスと首を縦に振る人は少ないかもしれない。

が、本当にそうか？　最近アナタはぐっすり眠れるか？　精神状態の一番のバロメータは睡眠である。寝付きが悪い、途中で何度も起きてしまう。思い当たれば、アナタの心の状態は決して安定しているとは言えない。気づかぬ内に溜め込んだストレスは、確実に我々を侵し続けている。こんな統計がある。

２０１４年の厚生労働省の調べによれば、現在進行形の精神疾患患者数は全国で392万人。また、6人に1人が一生に一度は鬱病にかかるとされている。この割合、60年代のなんと50倍というから驚きだ。

暗い、ジコチュー、短気、恥ずかしがり…。今までは単にそれぞれの性格・キャラと片付けていたことが、実は心の病が要因という可能性も否定できない。

家族や友人、同僚、そしてアナタ自身が、気づかぬうちに精神を患っているかもしれないのだ。

本書の最初に、いまどきの心の病について解説したい。

◉成長期の辿るべき道を踏み外すと危ない

まず断っておきたいのは、頭のオカシな人間＝精神病患者ということではない。

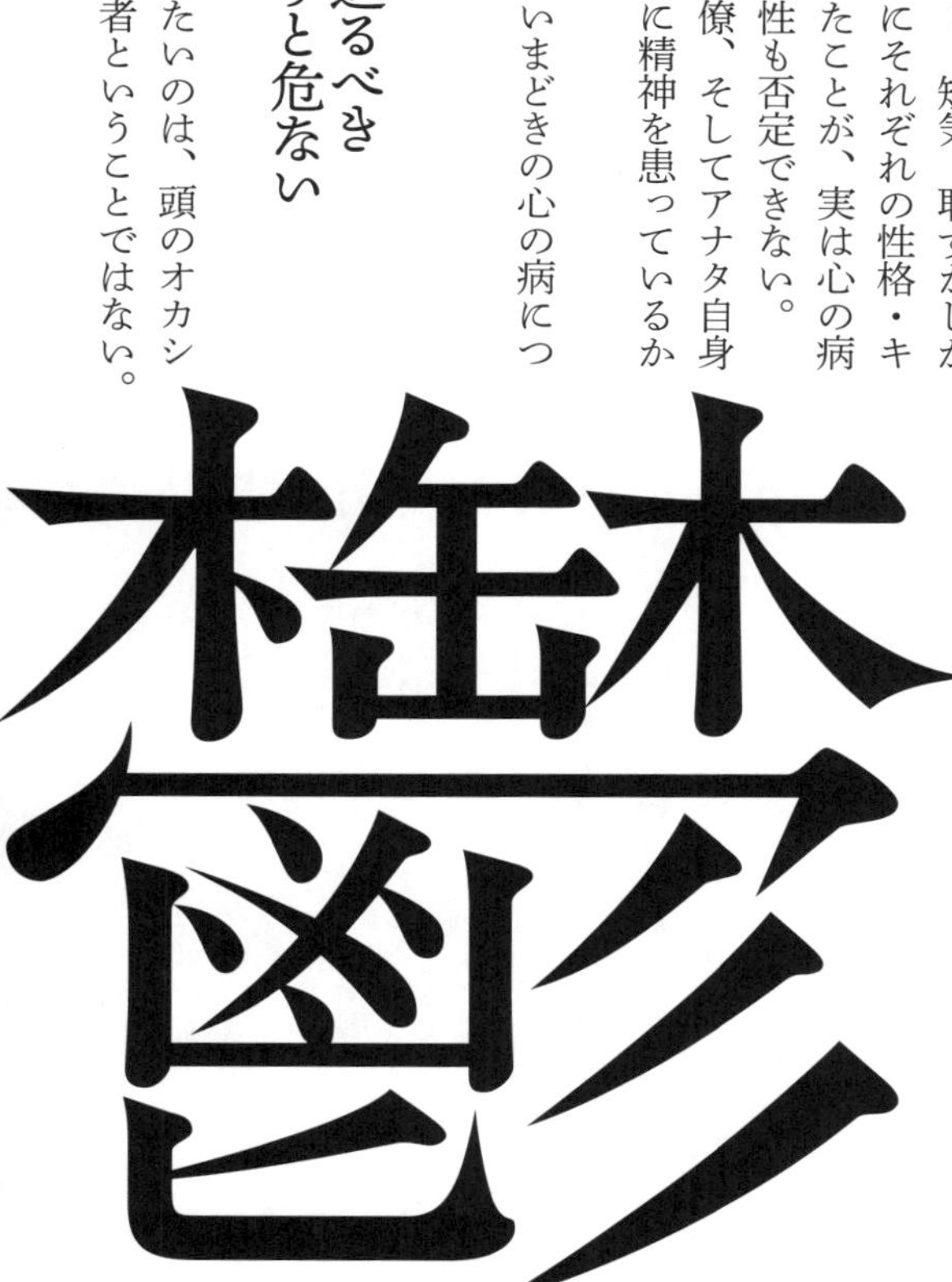

逆に言えば、心に病気を患っていないのに、イカレた輩もいるのである。

例えば、奈良の騒音オバサンや酒鬼薔薇聖斗、宅間守たちは、決して、心の病を患っていたわけではない。彼らは、いわゆる『人格障害』で、病気でも何でもない。大胆な言い方をすれば、強烈な個性の持ち主と捉えていい。

ちなみに、もし宅間が覚醒剤を使用し、その幻覚で犯行に及んでいたら、死刑になっていなかったかもしれない。覚醒剤精神病は、立派な心の病である。

なぜ、冒頭でこんな話をしたのか。それには、今の日本人が強いストレスを抱える三つの理由を知っていただきたい。

一つは『家族構造の変化』だ。《子供は一人でも育つ》と言うが、アレは半分ウソ。人間の人格発達を促すためには、家族の力が必要不可欠。中でも父親の威厳が重要である。が、父ちゃんの力は『戦後の時代』が終わった40年ほど前から弱くなり、結果、60年代『登校拒否』⇩70年代『核家族』⇩80年代『シングルマザー』⇩90年代『夫婦別姓』という構図を生む。不幸にも、女性が強くなるほどに子供がダメになっている格好だ。

二つ目は、『バランスの悪い心の成長』である。精神科の教科書によると、十代の心の成長は、中学時代に『親友関係を養い』、高校で『グループで異性と付き合い』、大学になって『個人レベルで異性と交際』がベストらしい。が、貞操観念を持つ方が少数派のこの時代、今や女子高生の半分が在学中に処女を失っている。このバランスの悪さは、そのまま心の病につながっているのだ。

最後は『価値観の多様化が及ぼす影響』だ。いろんな生き方が尊重されるのは、悪いことだと思う人は少ない。が、そこで《頑張らない》《自堕落に暮らす》という選択肢も生まれ、それを周囲が否定することもままならない。

ちなみに、この成長期に、辿るべき道を大きく踏み間違え、心へのダメージがヒビ程度では済まなかった場合、性格がネジ曲り、人格障害と相成る。果たして、犯罪者の出来上がりというわけだ。

◉気づきにくい不安障害（SAD）

さて、こうしてストレスを溜め、心が弱くなっていった人間は、当然のように心の病にかかる。中でも圧倒的に多いのは、俗に《心の風邪》と呼ばれる、鬱病である。

――物事が全て虚しく思えて意欲が無く、絶望感や罪悪感から死にたくなる――

医学的な定義どおり、こじらすと他の病気を併発し、最悪死にまで至るから恐ろしい。

また、この病気の一側面として、時に、正反対の心理状態に切り替わるのも知っておきたい。

――奇妙な《爽快感》と共に自信に満ち溢れ、あれこれチャレンジしようとする――

いわゆる、躁という状態だが、鬱状態に比べ、圧倒的に時間は少ない。

鬱にしろ、躁にしろ、自分には関係ないと思う人が大半だろう。が、この状態になれば、時すでに遅し。まともな社会生活を送るのは難しい。

そこで、初期症状だ。冒頭で聞いた質問をいま一度したい。

アナタはよく眠れるか？　夜おそく布団に入っても、朝早く目覚めてないか？

実はこれ、『早朝覚醒』と呼ばれる、鬱病の典型的な初期症状だ。加えて、部屋が散かり放題とか、極端に食欲があったり無かったりしたら、まず鬱病に違いない。精神科を訪ねることをお勧めしたい。

躁鬱の次に症状として多く、かつ気づきにくいのが、不安障害（ＳＡＤ）という病気で

ある。アメリカ系調査機関の報告では、地球の総人口の約１０〜１５％が罹っており、日本でも急増中だ。

ＳＡＤの症状は、次に挙げる項目をチェックいただくのが理解しやすいだろう。

□会議で自分の意見を述べる。
□人前で携帯をかける。
□二次会でカラオケに行く。
□職場の上司や他人と話をする。

最低でも一つくらいは、誰しもが嫌悪感を覚える状況である。中には、常日頃、これらのシチュエーションを避けており、万が一、対峙しそうになると、気分が悪くなったり、胃が痛くなったりする方もいるやもしれぬ。

その、ビビってしまう心理こそ

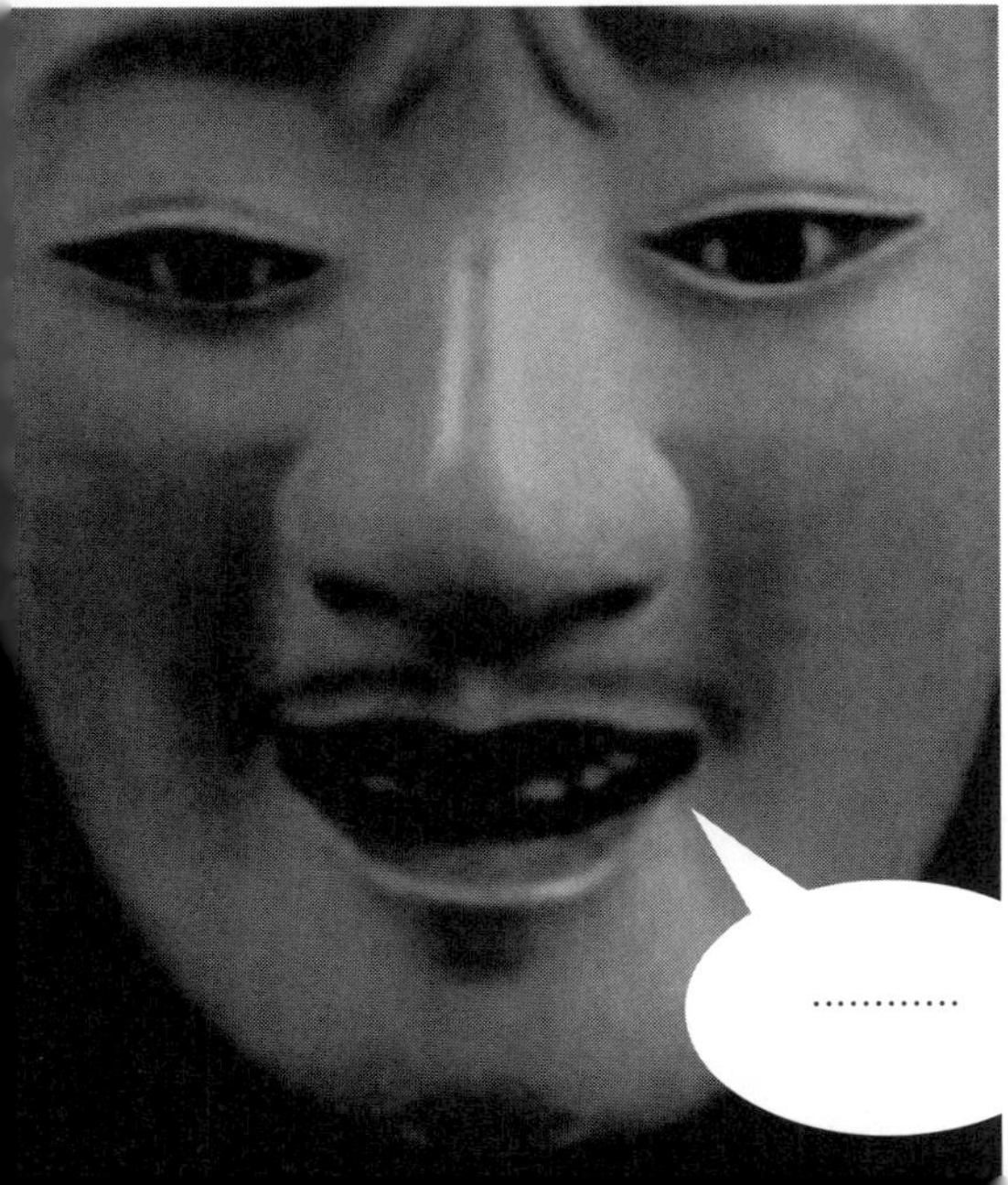

がＳＡＤである。

良くあること、大したことではない。と、甘くみてはいけない。ＳＡＤは、恐怖症、対人恐怖症、強迫症、パニック障害など、様々な心の病の呼び水になる。ちなみに、現在では、ＳＡＤの主因が喫煙にあるとされている。タバコ好きの方は、とりわけ注意されたし。

この他、最近多い心の病は、摂食障害、認知症（アルツハイマー）など。統合失調症（02年までの名…精神分裂病）は１００人に１人が患っている。

◉初診では最低でも1時間以上必要

ここまで読んで、精神科に足を運ぼうと思い始めた方のために、心の病に対する、専門家の最近のアプローチにも触れておこう。

一昔前まで、心の治療法は、精神分析なる方法が主流だったが、現在は精神療法と薬物療法にシフトしている。方法が変わった理由は単純、前者ではまったく治療されないからだ。

もっとも、その内容を聞けば素人でも首を傾げてしまう。

――潜在意識の下に抑圧された幼児体験があり、それを掘り出して、患者に伝えることで、現在の心の病気を治す――

こんな、祈祷師のような治療で治るわけがない。

対して、今日の治療は実践的である。精神療法でよく行われるのは、患者の行動パターンを分析する方法で、心の中をイジるのではなく、あくまで行動にのみ着目。必要あらば、当然投薬も施す。

が、如何せん、病状が目に見えない分野。医師の見立ての比重が大きいのは否めない。あっちのメンタルクリニックでは統合失調症と診断され、こっちの医院では躁うつ病と言われ、最終的に、大学病院で人格障害の烙印を押されたなんてケースも少なくない。

診断に差が出る理由の一つには、とりわけメンタルクリニックにおけるカウンセリングの短さにも関与している。

一般的な医院では、どこも10～15分。患者の回転率を考えれば、致し方ない部分もあろうが、医師たちの中には初診は最低でも1時間以上必要という声もある。実際に、精神科に足を運ぶ際の参考にしていただきたい。

毎年、自殺決行者が3万人超。ストレス社会日本で、生活を強いられる私たちにとって、心の自己管理は急務である。忙しさにかまけて『心の病』をないがしろにしたとき、きっとアナタは壊れるハズだ。

編集部──種市の

初めてのメンタルクリニック

先生、仕事をする気が起きないんです

リポート◉種市憲寛◉裏モノJAPAN編集部

心の病を抱えた人たちが増え続けているんだそうだ。何となく、《鬱》や《パニック障害》なんて言葉も、よく耳にするようになった。

自分の精神がおかしいと感じたら、やはり専門の病院で処置を受けるべきだろう、とは思う。が、一方で精神科の門をくぐるのは、怖くて恥ずかしいと感じる人も少なくない。精神障害に対する世間の差別意識が在るのもまた事実だ。

最近は病院側も「メンタルクリニック」と名称を変えたり、建物を瀟洒な造りにしたりと、マイナスイメージを軽減させる工夫を施してはいる。でも、実際にそこが敷居の低い場所になったのかどうかはわからない。

わからないなら覗いてこよう。判断の難しい心の病を、医師たちがどのように診断し、治療してくれるのか。

種市憲寛、32才。現在の悩みはもっぱらお金がないことだが、他に仕事から逃げたくなることもしばしば。病気のせいだったりして。

◉暗くなりそうな質問がぜんぶで100問も

病院は、ネット検索で最初に目に止まった新宿のメンタルクリニック「N」に決めた。巨大ターミナル駅に隣接する好ロケーションだけに、利用者の幅も広いはず。楽しげな患者に出会えるかもしれない。

クリニックのホームページによると、診察を受けるには予約が必要とのこと。さっそく電話すると、5日後まで一杯とのことだ。敷居が低くなってる証明でしょうか。

予約当日。向かったNクリニックは小さな雑居ビルのワンフロアにあった。喫茶店の入り口のような小綺麗なドアを開けて奥へ進めば、8畳ほどの待合室に数人の患者が座っている。

窓口の若い受付嬢に名前を告げると、大量の質問事項が記された数枚の問診表を渡された。

症状やアレルギーについての質問の後、パーソナルインベントリーと書かれた「はい・いいえ」方式の心理テストのようなものに答える。

『最近やる気が起きない』

『神経質な方だと思う』

『不眠症である』

『集団の中では緊張する』

『人間関係を築くのが苦手だ』

『悩み事を相談できる相手がいない』

読んだだけで暗い気持ちになりそうな質問が１００問以上も並んでいた。全ての回答を終えて窓口へ提出し、お呼びがかかるまで待合室で待機だ。

改めて待合室の患者たちを観察してみると、男女合わせて6人ほどが雑誌を読んだり携帯をいじっていた。男性はスーツの20代と60代に、洒落た私服のメガネ40代。女性は20代から40代の会社員風の3人だ。皆さん身なりがカッチリしていて一見普通だが、顔が神経質そうにも見える。

その直後、大きなリュックを背負った20代デブ男性が来院。受付を終えて長椅子に横たわると、携帯ゲームをピコピコいじり始めた。満面の笑みを浮かべて実に楽しそうだ。

待合室で待つ患者たち。
視線が合うと、すごい勢いで目を逸らされます

◉あなたの場合は薬を飲んだ方がいい

「種市さん、どうぞー」

30分以上待たされ、ようやくお呼びがかかった。診察室の扉を開くと、壁際の机の前にマオカラーシャツを着た小太りのメガネ先生が座っている。

「はい、種市さんね。どうされました？」

「えーと、仕事をする気が起きなくてですね…」

「それはどうしてだと思いますか？」

「理由は…わからないです」

あえて多くを語らず、相手の出方を見ようと考えた。

「気分の落ち込みがあったって言うけど、もっと前からなかった？」

「いえ、特には」

「会社に迷惑かけて申し訳ないなーとか、自分がちっぽけだなーとか」

「考えたことはあります」

「消えてしまいたい、やってることに価値がない、将来に希望が持てない、とか」

「いえ、そこまでは」

「死んでしまいたいなー」

「それもないです」

先生は口頭で質問し、なるほどなるほどと静かなトーンで相槌を打ちながらパソコンに文字を入力する。でも、これって先ほど書いた問診表とまったく同じ質問を繰り返してるだけじゃん？

その後、自分の出身地や出身大学についての質問が続き、雑談のような雰囲気に。患者をリラックスさせるためか？

「仕事を替えたいと思ってもね、今はしないで下さい。大きい決断は調子が良くなってから。家を買うとか離婚するとかね」

「なぜでしょうか」

「理由は簡単でね、調子が悪いときは良い考えが出ないから」

「なるほど」

「必ず調子はよくなりますからね。あなたの場合は薬を飲んだ方がいいですよ。今日は採血と採尿してお薬出しますから。また1週間後に来てください」

ハッキリ病名は言われないが、薬は必要なレベルらしい。

「お薬ってどんなものなんでしょうか？」

「安定剤と鬱に効くお薬を出しますのでね」

「僕は鬱病なんですか?」

「私の印象だとまだそこまでではないという感じかな。まあ薬飲みながら経過見ていけばいいと思うから。はい、じゃお大事に」

薬はどれも弱いものらしいが、こんなに簡単に処方されるとは思わなかった。やはり薬を出さないと儲からないからなんだろうか。今すぐ死にたい、とでも言えばもっと強い薬が手に入ったのかもしれない。

合計15分ほどで診察は終了。採尿と採血をして、次回の予約を入れてもらった。

初めて挑んだメンタルクリニックは、危ない患者の姿もなければ、隔離病棟もない、社会人のためのお悩み相談室のような場所だった。皆さん、とりあえずは気軽に訪ねてください。

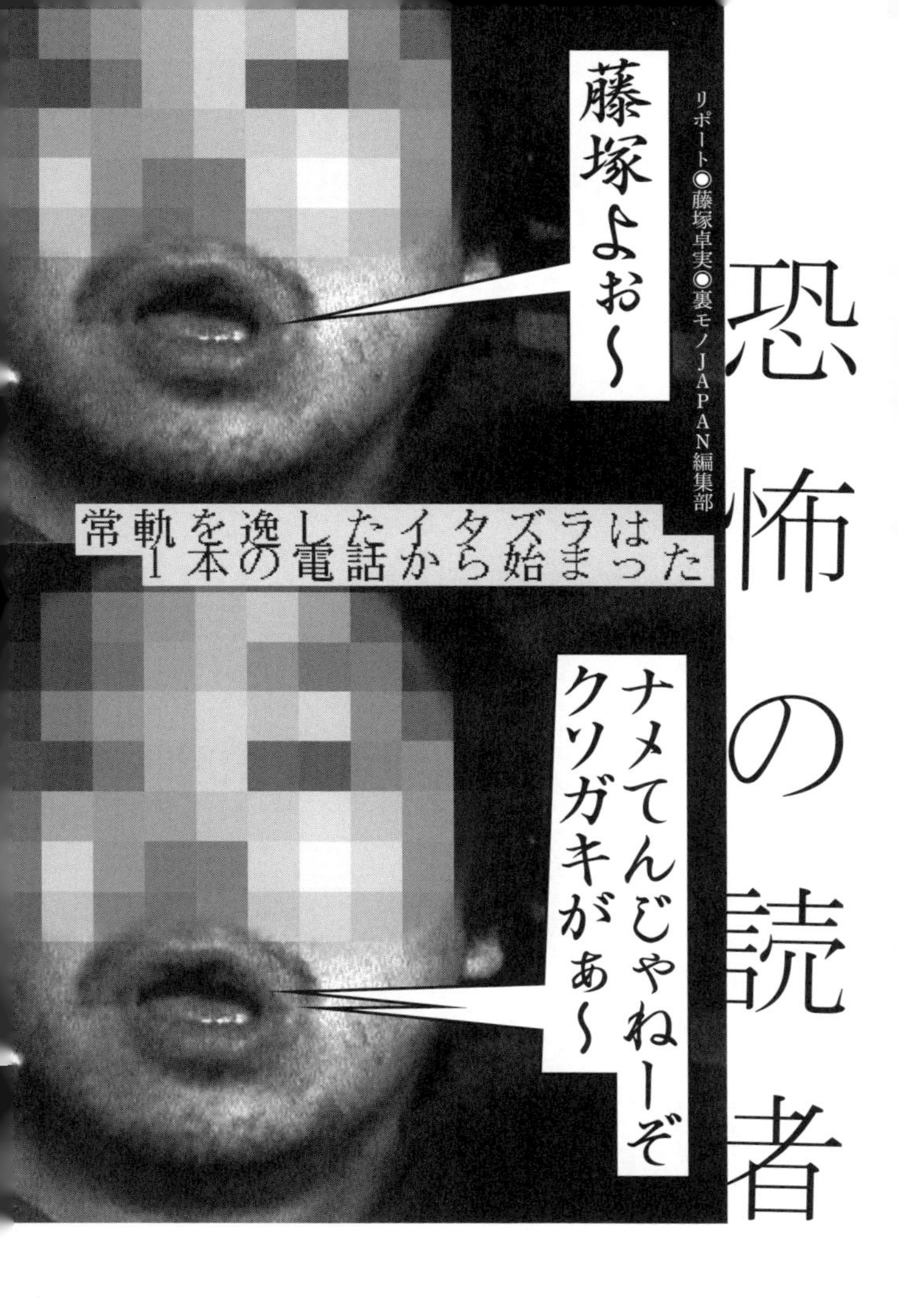
恐怖の読者
リポート◎藤塚卓実◎裏モノJAPAN編集部
藤塚よぉ〜
常軌を逸したイタズラは
1本の電話から始まった
ナメてんじゃねーぞ
クソガキがぁ〜

◉あなたから署に苦情の電話が

今年9月17日、夜。地元の祭礼に参加するため、石川県の実家へ帰省していた私に、1本の電話が入った。

『藤塚さんのケータイですか?』

「はいはい、そうですけど」

『こちら警視庁蒲田署の保安課のものです』

「はあ!?」

思わず声が上ずった。人間、この手の電話は妙にドキっとするもの。まして日ごろからあまり行儀のよろしくない私のような者にとってはなおさらだ。あの〜、いったいどんなご用件でしょうか?

恐る恐る尋ねると、先方は次のような話を始めた。

先日、数回にわたり、あなたから署に我々の取締りのやり方について苦情の電話があった。その際、折り返しこの番号へかけるよう言われたので、今こうして電話をしている——。

まったく心当たりがなかった。蒲田署にクレームをつけたことなんか一度もないし、そもそもそんなくだらぬ用事で警察に電話をかける柄でもない。

誰の仕業なのかは、すぐわかった。

実は近ごろ、私のケータイには、おかしな電話がちょくちょくかかってくる。相手は航空会社やタクシー会社、NTTなど様々だが、話の展開や経緯は蒲田署のケースと同じ。電話口の相手はいつも決まってこう言う。

『藤塚さまから当社へクレームが入りまして、この番号へかけ直すようにと…』

そう、これは藤塚の名を騙る男が仕組んだイタズラ電話なのだ。

ニセ藤塚は、他にも私の番号を女性のソレと偽り、いくつものツーショットダイヤルに登録しまくっている。おかげで今現在も昼夜問わず業者の中継センターから電話がかかる始末だ。

嫌がらせ男の正体は、佐渡正夫（仮名、当時37才）。都内在住の裏モノ読者だ。

◉職質を拒否しただけで警官が暴行を？

締め切り前でテンヤワンヤとなっていた2004年冬のある日、編集部に1本の電話がかかってきた。

『警官の職質を無視したら、暴行受けたんだけど、これってネタにならない？　ちゃんと診断書も取ってるんだけど』

電話の主、佐渡は言う。事件が起きたのは1年前の深夜。蒲田駅付近で自転車に乗っているところを蒲田署の職員に職質をかけられたのだが、それを拒否した瞬間、地面に投げ飛ばされ、ケガを負った。さらに警官は無抵抗の彼に保護バンドを付け、パトカーで蒲田署へ連行。そのまま留置所に放り込まれ、翌朝やっと釈放されたらしい。

ウサン臭い話である。任意の職質を無視しただけで、無抵抗の市民に警官が暴行を働く。そんなバカなことがありうるのか。

しかも、場所は公衆の場。取調室など密室での話ならまだしも、その場にいた警官全員が理不尽な行為に及ぶとは到底考えられない。その後、わざわざ留置所へ入れるというのもおかしな話ではないか。

「あの、もしかして職質を受けたとき、警官に絡んだんじゃないんですか？　もしや佐渡さん、酔っぱらってませんでした？」

ツッコミどころ満載の話に整合性を持たせるには、この答えしかない。たちの悪い酔っぱらいが、保護バンドをつけられ留置所に放り込まれるのはよく聞く話だ。

だが、佐渡は小バカにした態度でそれを否定する。おたくの言ってるのは常識の話だ。異常なことをやられたからこそ裏モノに情報提供してるんじゃないか。

なるほど。言われてみれば、その言い分にも一理ある。

「とにかく事件の概要を箇条書きにして、メールかＦＡＸで送ってくれませんか？　それを読んでもう一度検討しますんで」

『ああ、わかった』

「あと念のため、連絡先教えてもらえます？」

『こっちからまたかける』

その後、佐渡からメールやFAXが送られることはなかった。

◉離婚した元妻はスチュワーデス

最初の電話から2カ月、佐渡のことなど完全に忘れていた2005年初頭、ヤツは再び私宛に連絡を入れてきた。

用件は前回と同じ。蒲田署のけしからん警官どもをはやく記事にし、告発せよというものだ。

とりあえず、もう一度事件の経緯を聞いた。が、どうにもこうにも信じられない。申し訳ないが、記事にはできない。そう言って電話を切ったのだが…。

以来、佐渡は1、2カ月のブランクの後、また何事もなかったかのように同じ内容の電話をかけてくるようになった。ちょっとマトモじゃない。いったい佐渡ってヤツはどんな人間なんだ？

　その答えは、何度となく電話を受けるうちに少しずつ見えてきた。バレバレのウソを平気でつくのだ。

　暴行事件をもみ消すため、自宅に現われた刑事の写真を隠し撮りした。民事裁判の訴訟準備を始めた直後、刑事から「裁判所からの報告でお前の動きは筒抜けだ」と脅された——。笑ってしまうほど、見え透いた作り話である。

　つまり、この男は被害妄想と虚言癖を併せ持った、ちょっとややこしい人物なのである。警察の暴行事件の真相も、逆恨みが原因に違いない。

　知れば知るほど敬遠したくなる人種だが、しかし同時に私は、一度くらいなら会ってみてもいいんじゃないかとも思っていた。運良く面白いネタを拾えたらラッキー。その程度の思いだ。

　２００６年３月某日。待ち合わせのＪＲ蒲田駅に現れたのは、小太りのトッチャン坊やだった。普段の不良っぽい口調からは想像もできない、実にピースフルな風貌である。

　意外だったのはルックスだけではない。電話では、いつもどこか粘着質で陰気な雰囲気を漂わせていたのだが、実際にヒザをつき合わせて飲んでみると、これが意外と明るい性格なのだ。

　酔いが回ると、さらに陽気さは増し、上機嫌で自分の素性を語り出す。

　仕事はＭＲ（医療情報スタッフ）で、職場は四谷にあること。離婚した元妻がスチュワーデスだったこと。現在は病身の母親とアパートで2人暮らししていること。生き別れた父親はヤクザをやっていること。虚言癖の持ち主だけに、どこまで本当の話かわからないが、プライベートな事柄をここまで明らかにするとは、私のことを相当信用したのだろうか。

もっとも、期待したネタの方は見事に空振りだった。話の内容は、やはり例の警察の暴行がメイン。佐渡はケガの診断書を持参し、延々と蒲田署を非難し続ける。目新しいネタは何一つ出てこなかった。

◉お前の電話番号ダサくねぇ？

佐渡から妙な電話があったのは、それから1週間ほど後のことだ。時間は朝の4時である。

『なあ、お前の電話番号ダサくねぇ？　ダセーんだよ。変えちまえよ、番号をよぉ〜』

虚ろな声、攻撃的な口調。酔っているのか？

『うるせーんだよ。てか番号変えろよぉ〜。こんなんじゃ女のコに教えられねぇじゃないかよぉ〜』

どうやらは佐渡は、蒲田駅で出会った女子大生の話をしているらしい。何でもその彼女、先日、彼と一緒に立ち寄ったカラオケ店で働いているとかで、店内で私を見かけて以来、気になってるんだそうだ。

　確かに数日前、佐渡からそんな話を聞かされた覚えがある。が、ちょっと待ってくれ。そんなことで、こんな時間に電話されても困るって。

「時間考えてくださいよ。明日、お話を伺いますから」

　その瞬間だった。

『ああっ？　誰に口に利いてんだお前よぉ～。何が裏モノＪＡＰＡＮだ、クソガキがっ‼』

　電話は突然切られ、その１０秒後、再び呼び出し音が鳴った。画面に表示されているのは見知らぬ番号だ。

『♪あなたの願望を叶えるセクシーレモンです♪』

　出ると、ツーショットダイヤルの音声ガイダンスが流れ出した。いったい、どういうこっちゃ。佐渡の仕業なんだろうか。

　すぐに彼の自宅に電話した（ケータイは持っていない）が、何度かけても留守電だ。ふつふつ怒りがこみ上げてきた私は、録音開始のピー音の後に、思いっきり罵声を浴びせた。

「お前、いったいどういうつもりや。マジでキ○ガイやろ！」

　その日から、佐渡の攻撃が始まった。

◉躁か鬱のときだけイタ電をかけてくる

イタ電の回数は、多いときで日に30件〜40件。その大半は、佐渡が私のケータイ番号を様々なツーショット業者に登録されたためのもので、残りは、ヤツが成りすましたニセ藤塚にクレームを入れられた会社や警察署などからかかってくる連絡だ。

もちろん佐渡自身が電話してくる場合もあって、そのつど止めるように諭すのだが、一方的に喚き散らしたり、小声で念仏のようなものを唱えたりするばかりで、会話にならない。

そもそも、ヤツがなぜイタ電を始めたのか。その理由さえ皆目わからない。

唯一確かなのは、イタ電に周期があるということだ。

数日間、集中的にかかってきたかと思えば、決まって次の2、3週間はピタリと止む。電話口でのあの異常なテンションから推測するに、この規則性は佐渡の精神状態のアップダウンとシンクロしているのではないか。

早い話、佐渡は躁鬱病を患っており、躁あるいは鬱いずれかの状態のときだけ、イタ電をかけている可能性が高いようなのだ。

いや、そんなことはどうでもいい。重要なのはこのタワケ者に二度と嫌がらせをしないよう約束させることだ。

でも、どうやって？　電話で呼び出したところで応じないだろうし、直接訪ねるにも自宅もわからない。

冷静になれば、今のところ、実質的な被害は受けていない。着信拒否機能を使えば、10や20のツーショット業者くらい簡単にシャットアウトできる。

編集部にも、ときどきツーショット系や本人からのイタ電がかかってくるが、応対したことのある種市や仙頭によれば、私がシャブ中だとかバカだとか言う程度のことなので、営業妨害というレベルではない。ここはひとまず静観しておくか。

しかし、２００６年10月、事態は急変する。突如、佐渡の自宅住所がわかったのだ。信じがたいことに、キッカケを作ったのは佐渡本人だった。

経緯は省くが、佐渡が久しぶりに鉄人社に電話をかけてきた際、仙頭にあるケータイ番号をポロッともらした。さっそくそこにかけてみたところ、繋がったのはヤツの中学時代の同級生。しかも私同様、佐渡からイタ電を受けていた人物だったのである。

そのSさん（37才）、初めはイタズラ電話の犯人が誰なのかまるで見当がついていなかった。

だが、ツーショット、タクシー会社、警察署などのキーワードが私とピタリと合い、さらにそれが佐渡という人物の仕業だと聞いて、すぐ事情を飲み込んだらしい。

Sさんが言う。

『佐渡ってのはね、昔、俺たちがよくイジメていた野郎なんだよ』

その原因は仲間の金をパクったり、ウソをついたり、陰口を叩いたりという、佐渡の陰険な性格にあったらしい。昔から変わってないようだ。

卒業アルバムを見ればヤツの住所はわかるとSさんは言う。直接訪問して話を付けるしかなかろう

◉アニキ、こいつですよ。裏モノJAPAN！

10月24日、夜10時。私とSさんは蒲田駅近くのとある団地の前に立っていた。今からこの建物の某室へ乗り込み、イタ電男を引っ張り出そうという腹づもりだ。

作戦はすでに決まっている。まず、Sさんは物陰に隠れてもらい、私がビデオカメラを回しながら単独で佐渡宅の呼び鈴を鳴らし、対面。その後にSさんにも登場してもらい、Wショックを与えるのだ。さぞ腰を抜かすに違いない。

ピンポーン。

呼び鈴の音の後、しばし静寂が流れ、鉄製のトビラが30センチほど開いた。その隙間からニュッと現れる独特な丸顔。見れば眉間にシワを寄せ、のっけから鬼の形相である。

私はカメラのレンズを向け、努めて明るく言った。

私の言葉に、果たして佐渡は無言で玄関を飛び出し、隣りの部屋のドアをノックし始めた。

「こんばんは」

「アニキ、アニキ！」

アニキ？　兄ちゃんがいたのか？

間もなく、隣室のドアから出てきたのは、華奢な体格の中年男性だった。寝てるところを急にたたき起こされ、いかにも迷惑そうな顔つきだ。どうやら、佐渡が日ごろから慕っている隣人の方のようだ。Uさんというらしい。

「アニキ、こいつですよ。裏モノJAPAN！」

「は？　え？　うらもの？」

状況をまったく飲み込めていないUさんを後ろに残し、佐渡が詰め寄ってきた。ヤツとの距離は5センチ。鼻息が顔に当たる。

「なに勝手に住所調べてんだよぉ〜。お前のやってんのは違法行為だろぉ〜」

自分のことを棚に上げ、よくもまあワケのわからんことを。てか、お前はなんでイタ電すんだ！

「うるせー藤塚ぁ、お前が俺に呼び出し食らったんだろ？　鉄人社と一緒に来たあの野郎がよぉ〜！」

もはやオツムがパンパンになってるようだ。言ってることが支離滅裂である。

佐渡は階段に隠れていたSさんを見つけるや、クルッと踵を返し、「うっせーっ！」と絶叫しながら自宅へ逃げ帰ろうとした。

が、そうはいかない。トビラが閉まる寸前、私が玄関に体を入れ、そのすきにSさんが佐渡を廊下に引っ張り出す。

「おい正史、何逃げてんだよテメー」

Sさんに体を押さえつけられて、観念したのか。佐渡の興奮が収まっていく。

やっと話ができると思ったそのとき、ヤツの目がクワっと見開き、右拳が私の頬をかすった。

◉頭ごなしにウソだと決めつけたから

念のため、断っておく。私が佐渡の自宅を訪れた目的は、あくまでヤツとの話し合い。二度とバカな真似はしないと約束させるためであり、シメてやろうなどという気持ちは毛頭なかった。

が、突然、佐渡に殴りかかられた瞬間、理性がすっ飛んだ。猛烈な怒りを覚え、気が付けば、右手にカメラを持ったまま、左手で反撃していた。

そこからはもう荒れに荒れた。スイッチオン状態の佐渡が、些細なことばに激しく反応

恐怖の読者

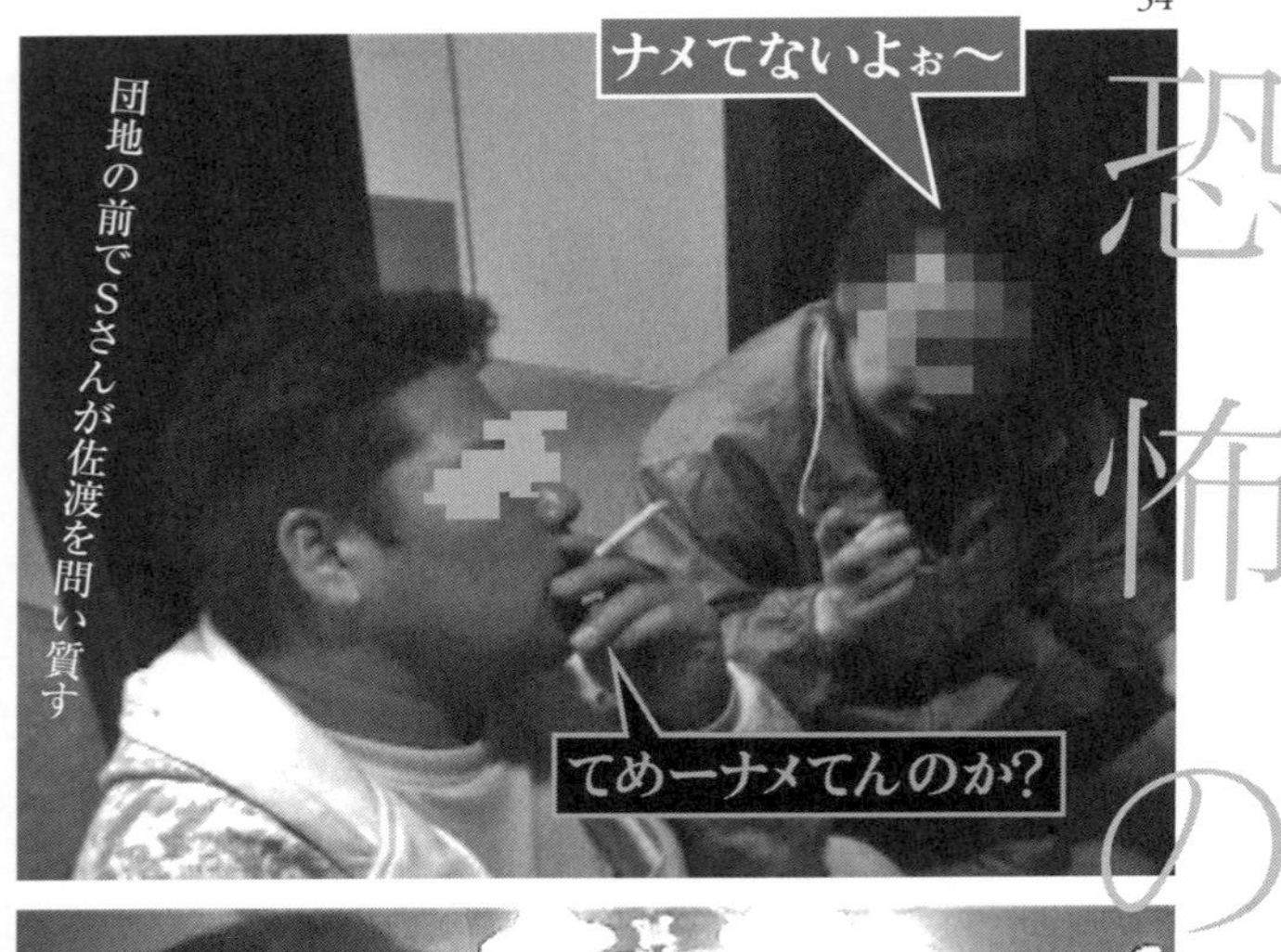

団地の前でSさんが佐渡を問い質す

カメラの前で二度とイタ電をやらないと誓ったのに…
（近所のファミレスにて）

し、誰かれ構わず襲いかかるのだ。

そのため現場は、私を抑えていたハズのSさんがいつのまにか佐渡ともみ合いになったり、それを止めに入った私がまた佐渡と殴り合いになったりとムチャクチャな状況。終始冷静だったのはUさんだけだ。

散々暴れてスッキリしたのだろう。15分後、ようやく佐渡の精神状態が落ち着いてきた。憑き物が取れたように静かになり、問われるままに語り始める。

まず、思ったとおり、佐渡は躁鬱病を患っていた。精神科に通院を始めて、もう1年近くになるらしい。結婚歴もなく、仕事は倉庫での荷物運び。もちろん、MRなんてのはデタラメだ。

で、なんで私にイタ電を？　私が何かしたか？

「警官の話をして頭ごなしにウソだと決めつけられてよぉ〜、頭にきたんだよぉ〜」

怒りの矛先は鉄人社全体にも及ぶ。反社会的集団だ何だとなじり、編集部・佐藤がいつぞや『読者様の御声』で告白したインドカレー屋食い逃げ事件（もちろんネタ）に青筋を立て非難する。曰く、あの記事を見て全国にどれだけの模倣犯が出たか考えてみろ、とのことだ。それほどの影響力があるとは思えんのだが。

一方のSさんの場合は、彼やその仲間連中から突然、のけ者にされたコトへの腹立ちが原因。むろん、のけ者云々というのは、佐渡の思い込みに過ぎない。

恐怖の読者

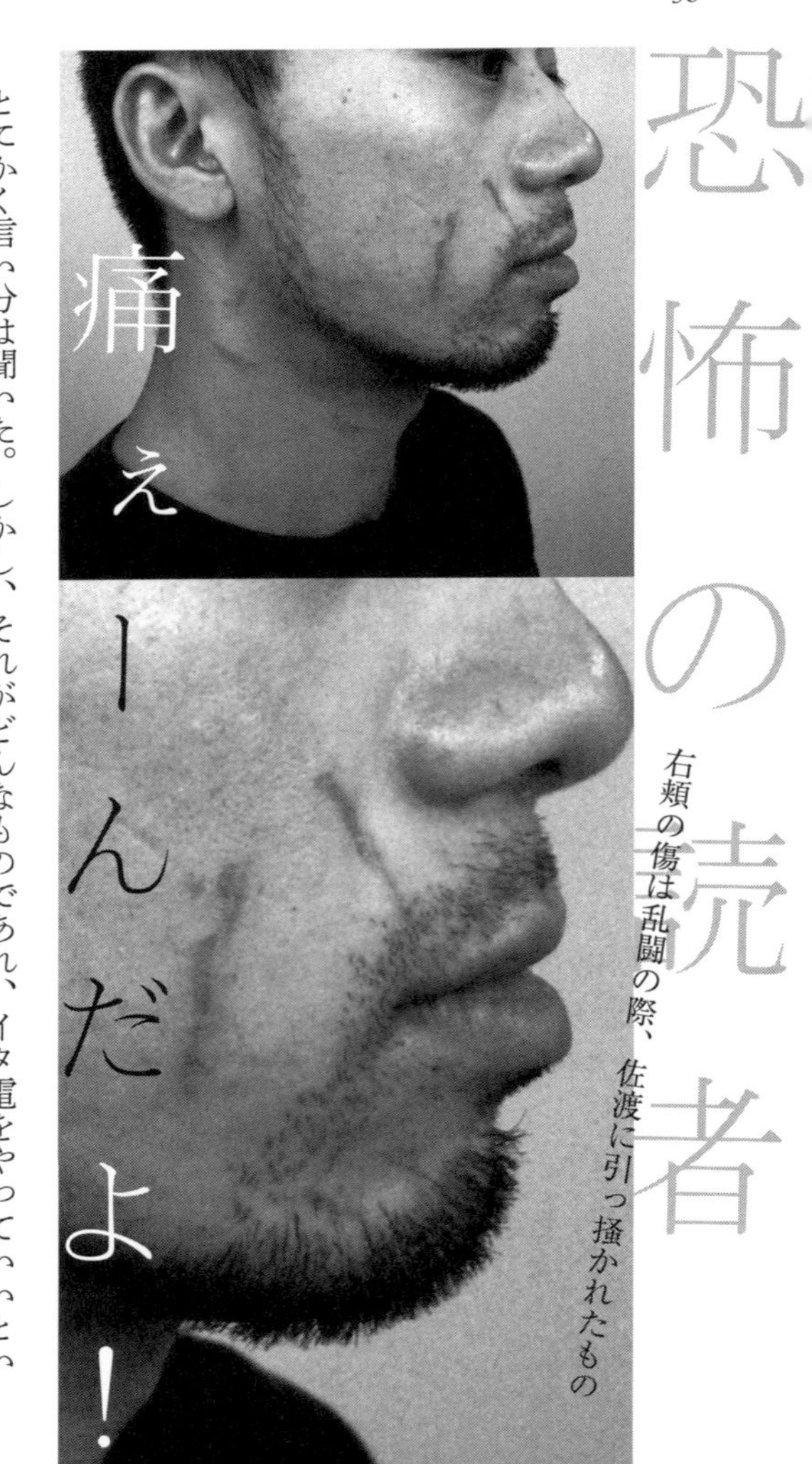

右頬の傷は乱闘の際、佐渡に引っ掻かれたもの

とにかく言い分は聞いた。しかし、それがどんなものであれ、イタ電をやっていいという話にはならない。どうなんだ。二度とやらないと約束するのか?

イタ電男は、電池が切れたように、力無くうなずいた。

「はい、約束します」

佐渡の自宅へ乗り込んでから1週間も経たぬうちに、いつのまにか、ケータイの留守電にメッセージが吹き込まれていた。

『お前のヘナチョコパンチなんか痛くねーんだよぉ〜。クソガキ、クソガキ！　ナメてんじゃねーぞ、バカ野郎！』

…ダメだこりゃ。

頻度こそ減ったとはいえ、イタ電は今も続いている。

AVスカウトマン金森遊が出会った ココロが壊れた風俗嬢

リポート◉金森 遊◉AVスカウトマン 兼 週刊誌社会部記者

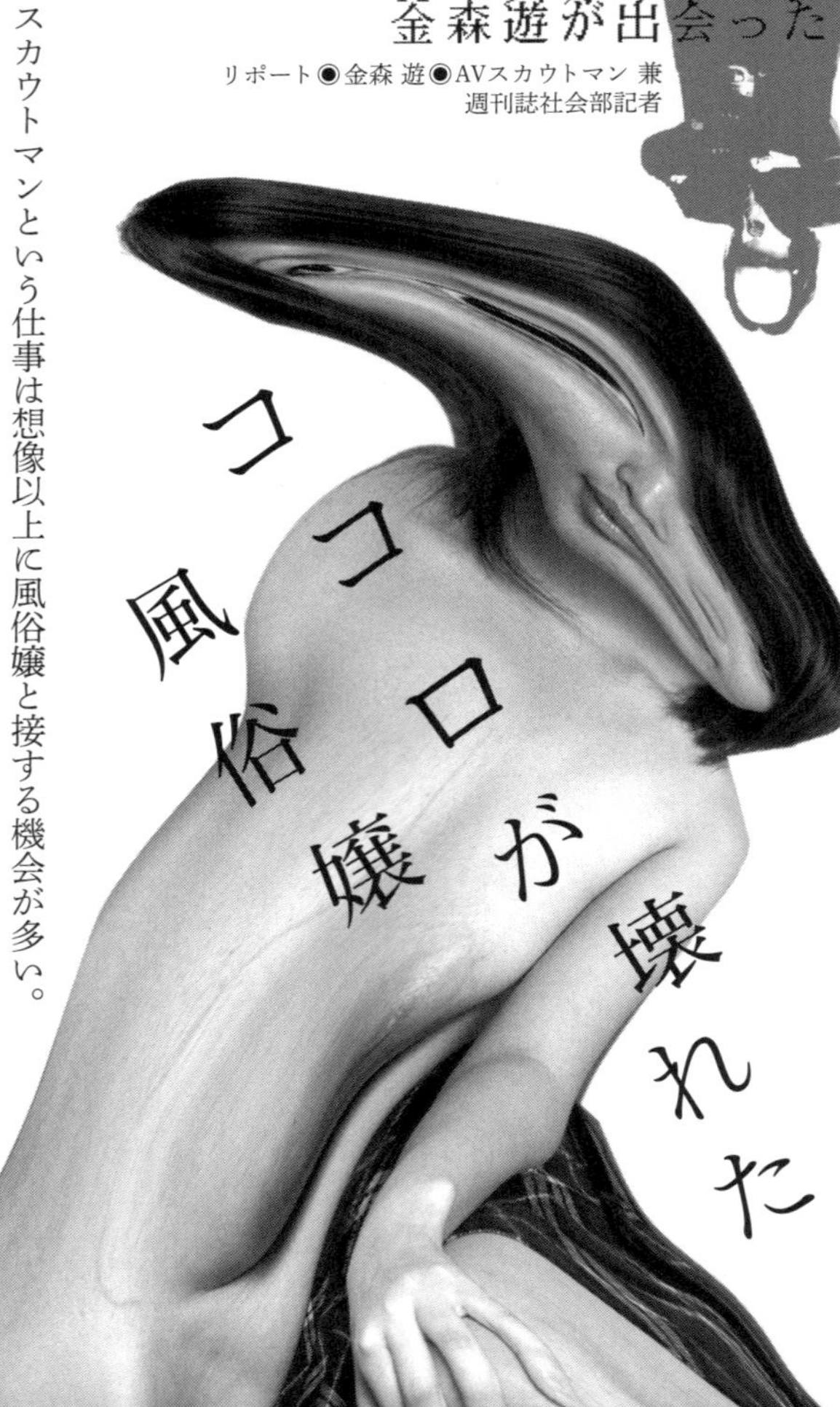

スカウトマンという仕事は想像以上に風俗嬢と接する機会が多い。なにしろ、路上でオナゴに声をかけ、ＡＶや風俗店に沈め、ときには肉体関係を持つこともあるのだ。この8年で出会った風俗嬢はざっと300人に上るだろうか。

彼女らは一見、ごくマトモな神経の持ち主に思える。例え、風俗業界で働く理由が「金のため」「ホストに貢ぐため」「ブランド品を買うため」だったとしても、スカウトのオレからすれば、それは至極当然の動機だ。

しかし、一歩その内面に踏み込めば、やはり彼女らは病んでると言わざるをえない。自分の肉体を男に売るなど、ココロが壊れてないと出来る行為ではない。経験からはじき出せば、オレの知る風俗嬢の90％は何らかの『病』を抱えていると断言してもいいだろう。

スカウトマンの視点から、風俗嬢たちの精神構造にメスを入れ、その心の闇を迫ってみたい。

◉みんな死んでアタシも死ぬ！

近藤佳子（仮名、当時19才）と出会ったのは、一昨年の暮れのこと。当時、彼女は風俗歴１年にして、渋谷の大手マット系ヘルスの指名ナンバー3に入る、売れっ子だった。

そんなことは露も知らず、俺は渋谷の路上で偶然、目の前を通りかかった彼女に「ＡＶに興味はないか」と声をかけてしまう。その瞬間、彼女はニコリと笑って会釈した。

「どちら様？　どちら様のプロダクション様？　スカウトさんの方でしょうか？」

この、彼女の慇懃無礼な態度に、オレは風俗嬢的な精神病体質を見出した。

普通、20才前後の女性ならば、街中で見知らぬ男に声をかけられた刹那、完全無視を決め込むか、ゆる～い感じでこう答えるだろう。

『急いでるんで、ごめんなさい！』

『マジすいません！　興味ないんですよ』

対し、佳子は、逆に自ら無駄な質問の羅列、意味不明な敬語を連発した。ならば、AVに興味を持っていたかといえば、答えはNO。このあたりが、彼女たちの特異性を暴く入り口だろう。

その日、オレは佳子と道玄坂のホテルで一夜をともにするのだが、一発を終えてシャワーから出てきた直後、彼女の様子がおかしくなった。

「きっと金森さんも怖いと思いますよ。私、怖い女ですから……」

なぜか涙目の彼女の言葉に、俺は頭を抱えた。なぜ怖い？　どこが怖い？　事情がよく飲み込めないまま、ベッドの上で抱き合いながら、改めてAVに誘う。

「なぁ、風俗嬢をいつまで続けるんだい。風俗はお客さんが主役。AVはアイドルだからお前さんが主役になれるんだよ」

芸能界に憧れるという佳子の自己顕示欲や変身願望をくすぐったつもりだった。が、これが裏目に出た。

いきなり、バサッと音を立てて起き上がるや、ベッドサイドに置かれていたコーヒーカップを床に叩きつけながら絶叫したのだ。

「男はみんなそんなこと言う！　結局は利用する！　死ね、みんな死んでアタシも死ぬ！」

彼女の精神は収まりがきかなくなった。ところどころの会話に支離滅裂な内容も入る。自民党の話、近所のスーパーのオヤジの話、３才離れた妹の話…。もはや完全に精神錯乱状態だ。

オレの一言が、こんなにも彼女を刺激するとは。先ほどの礼儀正しさとの振れ幅から見て、佳子は重度の『躁鬱』に違いない。

◉Gカップの乳房を豊胸してJカップに

１週間後、オレは彼女をＡＶプロダクションに送り込んだ。もちろん、すべてを納得させた上で、であるが、一方で彼女の奇行は一段と強くなっていった。天然でGカップあった乳房を、なんとJカップに豊胸して登場したのだ。

しかも、シリコンを入れすぎたため、ダランと乳房が垂れ下がり、スイカを抱えた老婆のような惨めな有様である。いくら巨乳がウケるＡＶ業界とはいえ、明らかな暴走である。

「だって、アタシって胸が大きくなかったじゃない。もっともっと人よりも大きくしないと売れないいんじゃないかと思って」

「……」

結局、その化け物のような容姿のせいで、契約は「グロＡＶ」の3本のみ。とどのつまり、佳子は自分が他人にどう見られているかを気にかけるあまり、皮肉にも自分自身を見失ってしまったのである。風俗嬢にはよくあるケースだ。

3本の撮影が完了した夜、オレの携帯は彼女からの着信でいっぱいになった。

「あなたがアタシを立派に育てるっていったから頑張ったのに！　死ぬわ、もういますぐアタシを抱いてくれないとマンションから飛び降りるからね！」

佳子からの電話は1カ月近くも続いた。が、この間、彼女がマンションから飛び降りることはついぞなかった。

ところで、なぜ彼女の精神は病んでしまったのだろう。実は一度、その生い立ちを聞いたことがある。何でも佳子は、5才のとき、同居していた叔父に性的虐待を受けていたという。

「小学生のとき、パパもママも仕事で家にいなかったの。家に帰ると叔父さんがひとりでいるの。下を触られて、それが痛くて痛くて毎日のように泣いてたの。でも、嫌だっていうと、叔父さんは顔を殴ってくるから。でも、パパもママも見て見ぬふりをしていたのかも」

「両親のこと、どう思ってる？」

「好きだよ。でも、もっとアタシを守ってほしかったな……」

そう言うと、彼女は今まで見たこともない幸福感に満ちた表情を浮かべた。

こうは考えられないか。まず佳子のように、性的虐待を受けたオナゴは精神の振れ幅が異常に激しい、いわゆる『躁鬱』の傾向に陥る。一方で、辛い過去を隠そうとするあまり、強烈な変身願望を持つに至った――。

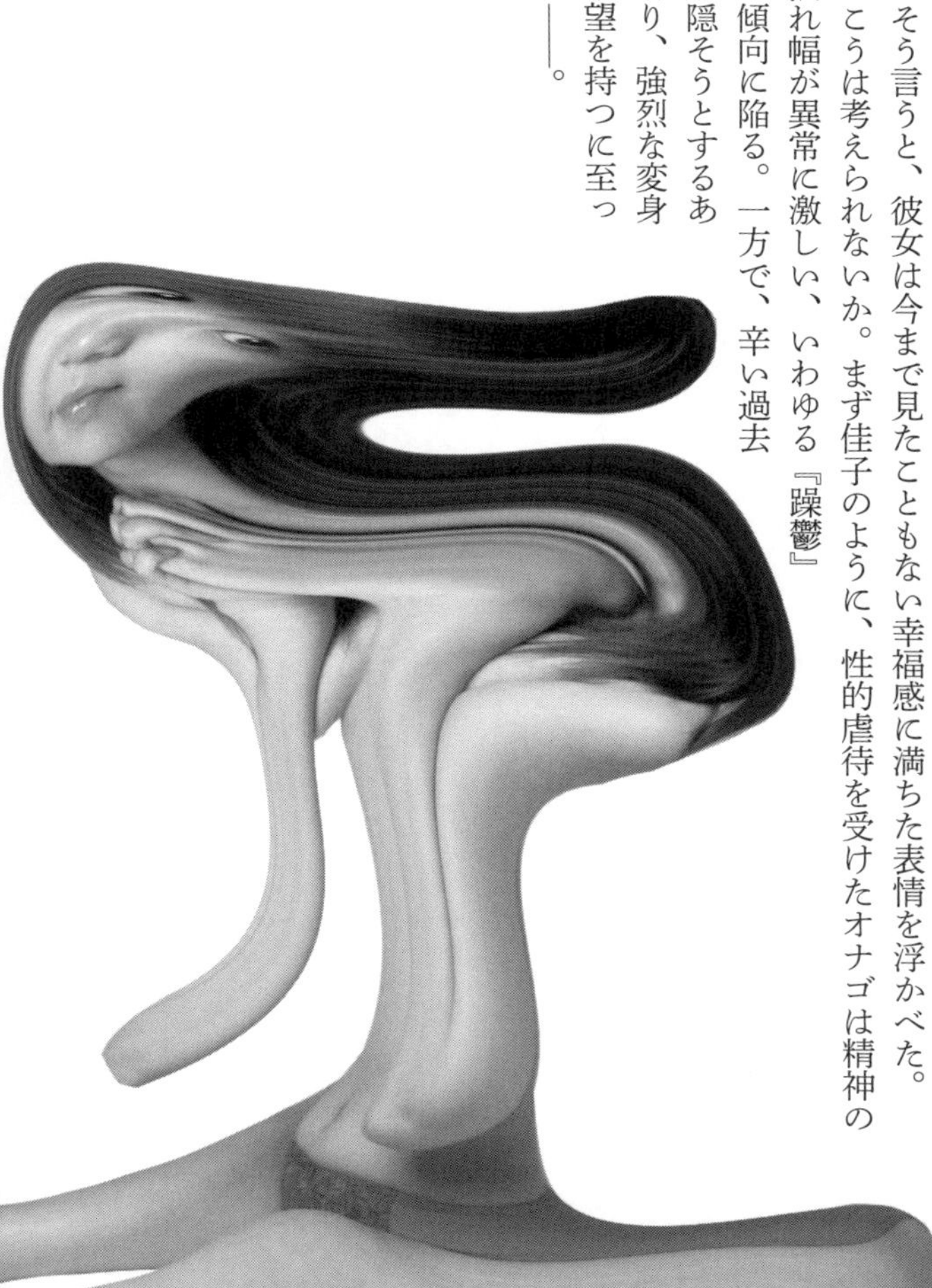

当たらずとも遠からず、ではないだろうか。

◉「待ち合わせ?」「うん、ヤクザが来るの」

渋谷の１０９前で、タバコを吹かしながら、携帯で大声を張り上げていた遠藤美智子（仮名、当時23才）を発見したのは、今から2年前の夕方近くのこと。前記した近藤佳子同様、風俗嬢だとは知らずに声をかけた。

いや、正しくは、声をかけようと近づいた瞬間、彼女が握っていたタバコをポ〜ンと草むらに投げたのだ。

「お兄さん、キャッチ?」

「まぁ、そうだな。待ち合わせ?」

「うん、ヤクザが来るの」

挑発的なことばに、改めて女を見る。なるほど、いかにも田舎のヤンキーにいそうな外見、仕草である。

しかし、目が泳いでいた。ヤクザ云々も、自信のなさの裏返しのように思える。

「ふ〜ん、で、そのヤクザ屋さんはいつ来るの?」

「そろそろじゃん。さっき電話あったし」

結局、ヤクザらしき人間は来なかった。だったら俺に付き合ってもらおうか。と、彼女を引きつれ、円山町のホテルへ。キスを済ませ、挿入しかけた瞬間、

「いつもそばにいてくれる？　ねぇ、美智子のこと好き？」

さっきまでのヤンキー気取りの態度が一変した。会ってすぐの成り行きセックスで、いきなり「愛」を口にするオナゴは極めて危ない。

コトを終えた後、自分が現在、渋谷のヘルスに勤めていることを告白した彼女は、風俗嬢になった動機についてこう語った。

「風俗なんてヨユーとか思ったしね。だって、マグロでもいいわけでしょ？」

言葉ではそう言ってのけるものの、本音では愛されたくてしょうがない。典型的なエロトマニア（恋愛依存）だ。

美智子の場合も、やはり家庭環境に問題があった。小学校のときに父親が他界、再婚相手の義父は放蕩男で、家にはろくろく帰らない。母親は母親で、パチンコや競馬に明け暮れていたという。

「で、高校を卒業してからすぐに家を飛び出したんだ。両親とはほとんど会話した記憶がないなぁ」

その後、彼女は地元の静岡で風俗嬢になり、最近になって都内に出てきたらしい。両親の愛情を受けなかったぶん、青年期になって愛情の渇望が強烈なのだということは容易に

想像できる。

恐らく、風俗という仕事も、誰かに『必要とされたい』一心で飛び込んだのではなかろうか。彼女の場合、『ヤクザ』は『父性』の偶像なのかもしれない。

◉リストカットの傷跡が手首に10本

昨年まで渋谷のデリヘルに勤めていた橋口早苗（仮名、当時21才）は、外見上、風俗嬢にありがちな「だらしなさ」を感じさせない、珍しいタイプのオナゴだった。

裏原系の小ギレイなパーカーに、フリルの

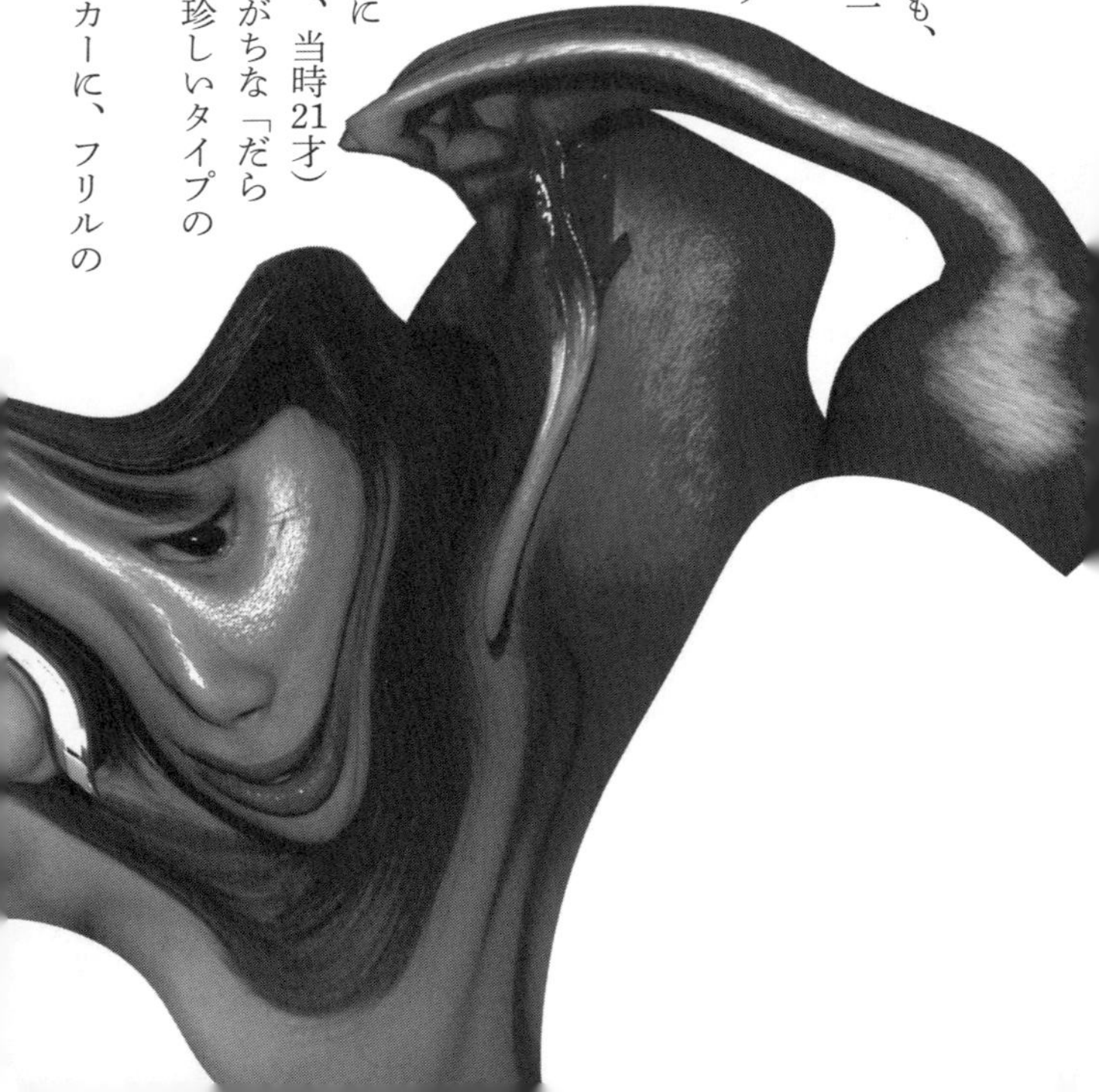

スカート。ルックスは清潔感に溢れていたが、彼女にとっては、その外見が災いした。

ある日の深夜、彼女から1本の電話がかかってきた。

「もうアタシ、駄目かもしれない……」

そのまま5秒ほど黙り込み、電話は切れた。風俗嬢にはよくあること。オレはさして気にもとめなかった。

その1週間後、偶然、仕事帰りの彼女に遭遇した。

「ねぇ、これ見て見て」

ロングTシャツをめくり、露になった手首を見て仰天した。3センチほどの生々しい傷跡が10本あまり刻まれていた。

いまだふさがらない傷口を恨めしげに見つめながら、彼女は平然と言った。

「あの電話の直後に切ったんだぁ」

言葉を失いつつも、俺は納得していた。彼女のように、リストカットに走る風俗嬢は少なくない。あまりに完璧を求めすぎてしまう結果、少しでもそれを逸脱すると自己嫌悪に陥るのだ。

しかも、そうした神経症的な潔癖さは、往々にして身なりなどに現れるもの。オレが最初に彼女の清潔感を『災いした』と表現したは、そのためである。

早苗は、こうも語った。

「死のうとしてるわけじゃない。生きてる実感を確かめるために切っているの」

生きてる実感を確かめるために手首を切る。間違いなく壊れてるが、それでも、オレは彼女と肉体関係を持った。

そして、まもなく早苗はオレの自室で手首を切る。さすがに血の気が引いた。行為自体にではない。広がる血糊を見つめながら、彼女が微笑んでいたのだ。

「初めまして。ミエちゃんです。オニイさんはだーれ？」

しばらくして、正気に戻った早苗は語る。以前、精神病院で『統合失調症』と診断されたことがあり、鬱状態が1カ月続いたら、今度は躁状態が1カ月続くという生活を2年も繰り返しているのだ、と。

「もちろん、すごく悩んだよ。でも、どうにもならないの。原因は幼いときの記憶にあって先生は言うんだけど、私自身、何があったのか思い出せないの。ひょっとして思い出したくても思いだせないほど怖い目にあったのかな」

「統合失調症」「躁鬱」「パニック障害」。これらは風俗嬢によく見られる精神疾患の病名だが、スカウトのオレにとって、そんな区分けに何の意味があろうか。

ひとりひとり過去に背負ったものが違うならば、その狂気も別物。300人の風俗嬢がいれば、その90%、270通りの《病》が存在するのだ。

名物オバちゃんA美さんの真実

なぜ彼らは路上で奇声を上げるのだろう？

リポート◉佐藤正喜◉裏モノJAPAN編集長

全国の、特に繁華街には、その町の有名人とも言うべきある種の人間が存在する。皆さんも一度は見かけたことがあるだろう、意味不明な奇声を発する人たちを。

「％＄＆＃§♨」

声の主は少年だったりオバちゃんだったり。いつも同じような内容を叫ぶ者もいれば、聞くたびに新しい台詞が増えている場合もある。唯一共通するのは、その誰もが例外なく、周囲から《変人》扱いされている点だ。

冷笑、侮蔑、憐憫、無関心。通行人の態度は誰もが同じようなものだ。近づくんじゃない、目を見ちゃいけない、あの人はクルッテイルのだから。

しかし知りたくはないだろうか。何があの人たちを叫ばせているのか、なぜあの人たちはああなってしまったのかを。

歌舞伎町の風紀委員長こと、

◉「歩きタバコやめてくださーい！迷惑防止条例にあたります！」

新宿歌舞伎町の区役所前に、毎夜、1人の名物オバちゃんが立つ。推定年齢40代後半。150センチほどの小さな身長に、三つ編みの頭。背中にリュックを背負い、道行く人に大声で注意を促すその姿を、歌舞伎町で知らぬ者はいない。

「歩きタバコやめてくださーい！　迷惑防止条例にあたります！」

「歩きメールやめなさい！　スケベメールばっかりして。このスケベ！」

一帯にはすさまじい大声が響き渡り、注意された人物やその他の通行人は「なんだ、このオバはん？」と蔑んだ目で通り過ぎる。

彼女の注意内容そのものは極めて正しい。毎晩おなじみの光景だ。歩きタバコや歩きメール、他にも無

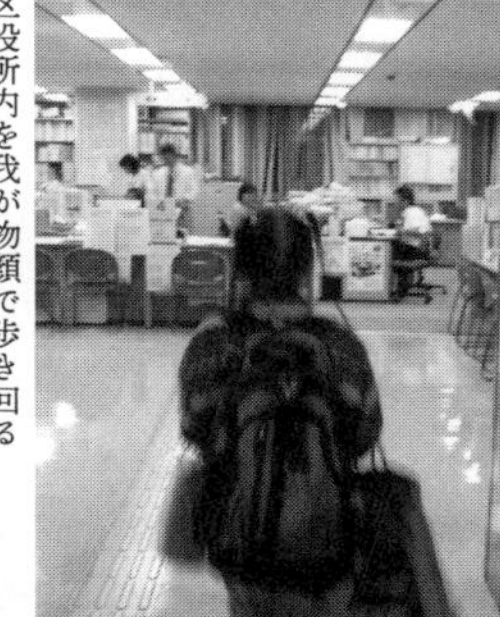

区役所内を我が物顔で歩き回る

灯火自転車や二人乗りにも果敢に突進し、徹底的に罵倒する姿は爽快でもあるし、相手がヤクザだろうとチンピラだろうと怯まない精神は、あっぱれの一言に尽きる。

しかし、やはりその行動は奇異としか言いようがない。なりふり構わぬ大声。「スケベったらしいんだよ!」と、ときおり発する下品な罵倒。注意のみならず、メガネをかけた若者が現れるや「あんた、オリエンタルラジオの藤森に似てる! 藤森! 藤森!」と付いていく様など、とても常人ではない。いつぞや編集部のオガタなど「コージー富田!」と20メートルほど追いかけられたことがあるそうだ。

トラブルが起きないのは、皆が彼女を「オカシイ人」と一発で見抜き、まともに相手にしないからだろう。だからこそ注意を耳に入れる者などいないし、逆に指をさしてその姿を笑う若者は後を絶たない。

別名、歌舞伎町の風紀委員長。誰もが知っているが、誰も素性を知らない彼女のことを徹底的に追いかけてみよう。

◉区役所前の活動は夕方4時から深夜0時まで

まずは1日のスケジュールを知るため、数メートル後ろをぴったり付いて回ることにした。彼女が歌舞伎町に現れるのは、毎日夕方の4時ごろ。まず『富士そば』で遅い昼食を食べた後、区役所に向かい、中で働く職員に話しかける。

「今日はハロウィンでしょ。かぼちゃだよ、かぼちゃ。大戸屋のかぼちゃのコロッケおいしいんだよ」

毎日のことで慣れっこなのか、職員たちはややあきれ顔ながらもニコやかな応対だ。ちなみに、会話時の声も普通人の2倍は大きい。

区役所のウォシュレット付きトイレでゆっくり用を済ませば、いよいよ《本業》の風紀点検活動に入る。

区役所前の交差点は、ホストクラブやクラブ系の飲み屋に隣接し、またカラオケや居酒屋などの客も激しく往来する。委員長はその通行人をつぶさに観察し、風紀を乱す者に果敢に向かっていく。注意内容は以下4点だ。


歩きタバコ／歩きメール／無灯火自転車／二人乗り

容赦はしない。ターゲットの真横に張り付き、大声で注意しながら、区の発行する路上喫煙禁止ビラを手渡し、歩きメールへの注意を無視されれば背後から罵る。

「スケベメールばっかりして！　このスケベ！　ドスケベ！　キンタマばっかり使って！」

相手が女性の場合は、キンタマがオマンコに変わる。

これが延々6時間。途中、ドコモショップに「auに負けただろ、ザマーミロ！」と怒鳴りつけたり、犬や子供に「かわいいねぇ」と近づいたりすることもあるが、横を歩きタバコが通れば、カッと目を見開いて叫ぶ。

「そこのタバコ！　迷惑防止条例にあたります！」

深夜0時。大戸屋で夕食を食べた後、終電に。車内でも歩きメールへの注意は止まらない。数分後に新宿区内の某駅で下車し、徒歩でアパートへ。ほとんど人通りがないせいか、ずっと無口なままだ。あたり構わず大声を発するのではなく、場所をわきまえていることがわかる。

◉近所の評判は悪意に満ちていた

近所の評判は、予想どおり芳しいものではなかった。商店主や、奥さんたちなどによる目撃情報は以下のとおりだ。

▼昨年の秋に、区役所の紹介で引っ越してきた。1人暮らし。
▼コンビニの新聞を立ち読みして怒られている。
▼しょっちゅう公衆電話でどこかに苦情を言っている。

▼喫煙禁止ビラを電柱に貼りまくる。
▼新宿区議会で「あの人は役所が雇ってビラを撒かせているのか？」と質問が飛んだこともある（近くを通った議員の話）。

《オカシイ人》と認識されていることは確かなようで、誰もが「あまり関わらないほうがいい」と口を揃える。人種のるつぼ歌舞伎町ならまだしも、閑静な住宅街だけに反応は一概に悪意に満ちている。

ただ、これら周辺情報ばかり集めても、彼女の行動の真意はわからない。判明したのは、「少なくとも新宿区某所に引越してきた1年前の時点で、すでに奇怪な行動を取っていた」ことだけである。

一人暮らしなので、身内への接触は不可能。残るは本人のみだが、果たして彼女の口から真っ当な言葉が返ってくるだろうか？

後日、区役所前で活動の真っ最中に声をかけてみた。

「ちょっとお茶でも飲みませんか」

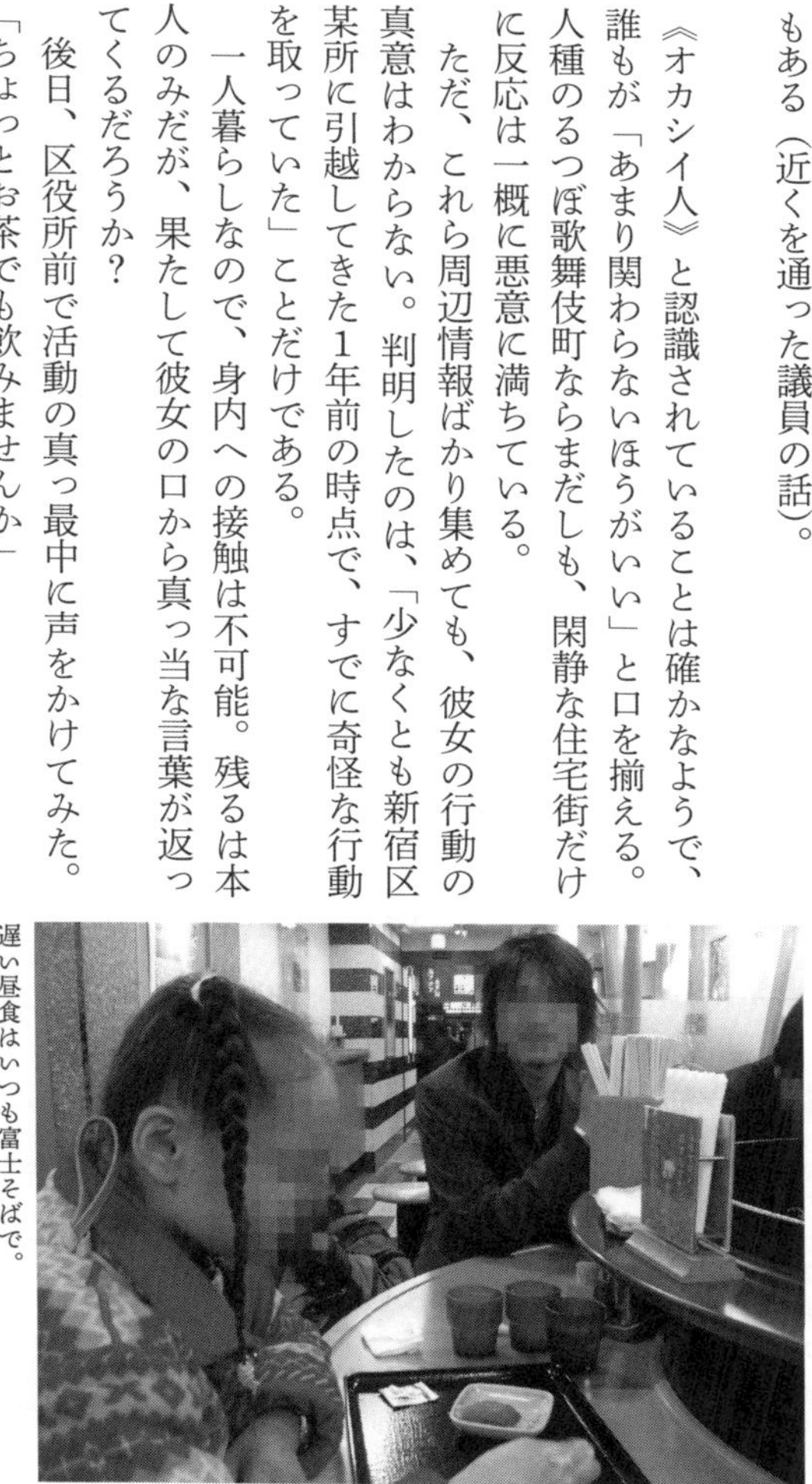

遅い昼食はいつも富士そばで。腹の調子が悪いときは、いなり寿司で我慢

彼女は振り向く。

「いいの？」

意外にも、喫茶店にあっさりと付いてきてくれた。何だ、話の通じる人なのか？

「こんな高いコーヒーいいの？　高いのよココ、本当に高いの！　ビックリするくらい！」

店員の目などお構いなしに軽い悪態をついた彼女は、質問に答える形で数奇な人生を語りだした。

◉6年前の上京後、ピンサロ嬢を経てスカウトへ

彼女の名前はA美。現在39才（あくまで自称）の未婚。兄弟はいない。生まれは東京だが、幼いころ家族で宮崎県に引っ越す。当時から地声は大きかったという。小学生時代はバドミントンクラブに所属したというから、奇行は見られなかったのだろう。

中学卒業後、地元宮崎で働き、(何の仕事か語らなかったがおそらくフーゾク)、１２０万円の貯金ができたところで、新たな職を探すために上京した。６年前のことである。

東京での最初の仕事は、新橋のピンサロだった。店泊できる店を探した末の選択だ。ピンサロでは花びら2回転の2回転目を受け持つも、２カ月でクビに。理由は、

「店長が東北の人だったもんだから」

彼女はときどきこうした的外れなことを言い出すため真相はわからない。オカシな言行が始まったせいと推理するのは早合点か。

その後、職が見つかることはなく、新宿プリンスホテルに連泊して貯金を食いつぶした。わざわざツインルームを取り「友達が遊びに来れるように」配慮したそうだが、話を聞く限り、友達がいた形跡はない。

いよいよ金が尽きたころ、彼女はスカウトの職に就く。道行く女性に声をかけて働く店を紹介する、あのスカウトだ。とても信じがたい話だが、当時の目撃談は他で聞いている。まだマトモだったのか、それとも単なる真似事だったのか。まもなく路上生活者になったことからも、後者だった線が強い。

ある日、新宿の道端で寝ていると、1人の男が声をかけてきた。

「私もさみしいというのがあったから、付いていった」

さみしいなんて言葉が出てくるとは驚きである。ともかくその自称24才の男に彼女は振り回されることになる。金を作ってくるよう命ぜられたのだ。

本来なら思いつく商売は売春しかない。しかし彼女は、新宿の街角で「腹が減ったから金を貸してくれ」と老若男女に声をかけ、小遣いを無心することにした。多いときは1回で5千円ももらえたという。

「でもその男は私には500円しか渡さない。悪い男だったから」

すでにマトモな女性の行動ではないが、現在の姿とはまだ隔たりがある。当時は生きるのに必死で、町の風紀を気にする余裕はなかったのか。

◉怒ってるんじゃなく喝を入れている

ある日、男が行方不明になり、彼女は『腹痛で仕事ができない』ことを理由に、新宿区の生活保護を受けながら1人暮らしをすることにした。現在も住む、家賃5万7千円のアパートだ。ちなみに受給額は月12万程度。余裕はないが食うには困らない。

風紀活動が始まるのはこの時期である。

「何でそんなこと始めたんですか?」

問いかけに、彼女は返す。

「子供が危ないでしょう、歩きタバコは」

答えになっていないのだが、何度質問しても同じ返答の繰り返しである。

「じゃあ、なんで子供を守るんですか?」

「新宿は子供も来るんだから。高島屋で買い物もするし」

「ええ、来ますね」

「だから自転車も危ないの。3人乗りしてるのもいるから」

どうにも要領を得ない。なぜタバコとメールなのか。なぜ渋谷や池袋じゃなく新宿なのか。さっぱりである。

しかし『なぜ』の部分は曖昧でも、ポリシーだけはしっかりと語る。

「人の多いところでやらないと意味がないの。毎日同じところでやらないと。私がいなくなるとまた歩きタバコするでしょ。私は怒ってるんじゃなくて大声で喝を入れてんの」

これだけ聞くと、あえて狂人を演じているだけのように錯覚してしまいそうだ。一度でも現場を見れば誤解だとすぐに気づくのだが。

強いて彼女の言行を医学的にカテゴライズすれば『統合失調症』の一種になるのだろうが、本人が精神科の世話になっていない以上、そんな指摘は大きなお世話である。ただの変わった人で十分だ。以下、推論である。

彼女が区役所前で活動するのは、区から生活保護を受けている恩返しのためではないだろうか。時期的にも、風紀改善活動と生活保護の受給は一致している。

また、子供を守る理由については、後日、アパート近所の住民に興味深い話を聞いた。引越しまもなくのころ、A美さんが「2才の子供を施設に預けている」と言ったそうなのだ。美談にまとまりそうなので、推理はここまでにしておこう。

鉄格子の向こう側は
どんな世界？

現役看護師が語る、これが
精神病院だ！

隔離病棟に設置された鉄格子の窓。
室内では拘束着や手械足枷をハメられ、
不自由極まりない毎日を強いられる——。
世間一般から隔離された精神病院とは一体どんな場所なのか。
本稿では、西日本某所の精神病院に勤める、この道10年の
ベテラン看護師に《密室》のすべてを語ってもらった。

リポート◉神崎スキャット◉フリーライター

◉患者の収容率は常に99％ギリギリ

正木遼子さん（32才仮名）が勤務するX精神病院は、四方を山に囲まれた過疎地の中に建っている。

鉄筋コンクリートの4階建てで、ベッド数は250床。院内は外来と病棟の二つに分かれ、原則的に通院患者がそのまま入院するケースが多いそうだ。

厚生労働省の統計によれば、精神科のある総合病院や専門の精神病院は全国に約1700箇所。2000年度の入院患者数は約34万人で、10年前の33万人からほとんど変わってない。

それよりも驚くべきは、自宅で療養する《在宅患者》の数だろう。1993年、全国で124万人だったのが、2006年、223万人と2倍近い人数に激増。現在、全国の精神病院では深刻な病床不足に陥っている。

「いつ入院してもおかしくない人が在宅治療を受けてます。怖い現状ですけど、病院の収容率は常に99％ギリギリで、ベッドの数が足りないんです。でも、警察から《措置入院》の要請を受けられるよう、最低限の空き部屋を確保しなくちゃいけないんです」

通常の医療施設と違い、精神病院には法的強制力を持った入院制度が三つ、他に任意入院が一つある。

❶措置入院……自傷・他傷の恐れがある者で、市長や知事の命令で強制的に入れられる
❷医療保護入院……家族など身近な保護者の同意で強制入院
❸応急入院……早急な入院が必要だと医師が判断した場合、72時間以内に限り行うことができる

❹任意入院……本人の意志に基づいて行われる

緊急度に応じて様々な入院方法が確保されているのだが、では患者たちは果たしてどんな精神疾患を患っているのか。

「外来・入院ともに、トップが統合失調症（12P参照）で全体の6割ぐらいです。次が神経症性障害とストレス性障害で、あとは気分障害（躁鬱）、認知障害（痴呆）と続きます。もっとも最近では人格障害（社会性の欠如）の患者さんが増えてますけど」

彼女の病院では、こうした病状をわずらった250名の患者たちが、病状の《進行状況》に応じて、病棟に配置されている。

進行状況とは、乱暴に言えば危険度に比例している。基準は大きく分けて三つあり、衝動行為（自傷・他害）のある患者を対象とした『急性期病棟』に、衝動行為の心配のない『亜急性期病棟』、そして比較的落ち着いた症状の『慢性期療養病棟』に分かれる。

「私の病院では、急性期の病棟を一言で《閉鎖病棟》と言ってます。いわゆる重度の患者さんたちが暮らすところで完全に隔離されてます。これに対して、比較的穏便な亜急性期や慢性期の患者さんたちが過ごす所は《開放病棟》と言ってますね。たとえば、措置入院でやってくる患者さんは危険なケースが多いので、監視カメラなど体制の整った閉鎖病棟に入ります」

自傷・他害行為の恐れのある彼らは、さらに危険度が高まると、閉鎖病棟の中にある鍵付きの『隔離室』（家具類は一切なく、トイレのみ）で監視され、マグネット式の拘束着か、ベッドに四肢を固定されているそうだ。

ちなみに、病気の種類や男女の性差は問われず、認知症老人の隣に躁鬱患者が寝ているケースも珍しくないという。

◉厳重な二重扉に針金入りの強化ガラスが

精神病院で過ごす一日とはいかなるものか。入院初日から順を追って説明する前に、金の話をしておこう。入院費は社会保険の自己負担分（一日平均２５００円程度）と食事代が１日７８０円かかる。彼女の勤務先では患者の半数が生活保護受給者のため、事前にソーシャルワーカーやケースワーカーなどに相談して、市に入院費を申請をするケースも少なくないそうだ。

患者が病院に着くのは、大体昼頃。受付で事務手続きを終えたら、まず所持品をすべて預けるところから入院生活が始まる。

「紛失や盗難のリスクを抑えるため、現金や通帳、カード類、貴金属などの全部が対象になります。被害妄想が強く、衝動行動がひどい方は身体検査で危険物の有無もチェックします。もちろん、お金は預かるだけですから、後で申請して看護師に買い物を頼むこともできますよ」

持ち物を預託表にメモしたら、次は病棟内のルールを口頭で教わる。

▼服装は病院支給のものを使用するか、私物を使用する（私物の場合は自分で洗濯をすること）
▼他の患者とトラブルになった場合は看護師に申し出る
▼男女間の性交は禁止
▼煙草は1日1箱まで
▼アレルギーのある食物は申し出る

マニュアルやシオリの類を一切渡さないのは、中に全く文字が読めない者もいるためだそうだ。

こうした説明を受け、受付から長い廊下を歩くと、最初に症状の軽い開放病棟が姿を現す。

入り口近くは喫煙可能なデイルームがあり、テレビやビデオなどの鑑賞がOK。外来者とコミュニケーションが取れる談話室まで備

え付けられていて、外へ電話をかけることも自由だ。

「コチラはごく普通の病院に近い感じですね。病状で言えば軽度な躁鬱や神経症、摂食障害などの患者さんで、彼らは、起床7時・消灯9時の規則正しい生活を送っています。些細なイザコザはあっても、大きなトラブルは滅多に起こりません」

しかし、そこから一線を踏み出し、心に重度の病を患うような事態になれば、入院生活は180度ガラリと趣を変える。

受付の脇をすり抜け、建物の裏手に回った隔離病棟の入口。刑務所のように厳重な二重扉の目の高さには針金入りの強化ガラスがあり、そこから中を覗くと、重度の患者たちがめまぐるしくフリースペースを徘徊している。

映画『12モンキーズ』でブラッドピットが収容されていた病院をご想像されるとわかりやすいかもしれない。

◉自分の便が理解できず口に入れてしまう

隔離病棟のフリースペースでは、中心に一際目立つナースステーションが配置されている。むろん、患者を監視するためだ。

日中、大半の患者が生活を送るオープンスペースで、最初に目に付くのは、L字金具で強度に固定された一台の大型テレビだ。患者数人が画面に顔をくっつけ、奇声をあげたり、絶え間なく首を振ったりしている。

そのそばでは、壁を見つめたまま身動き一つしない者、嬌声をあげながらユラユラ人の後ろをついて回る者、唸り声をあげて麦わら帽子を分解している者など、通常の感覚では、まず意思疎通が不可能。初めて訪れた者は正視できないというが、何よりキツイのがアンモニア臭だそうだ。フリースペース脇のトイレはおろか、個人の病室からも漂ってくるという。

「自分の便が理解できず、指で弄んだり、口に入れてしまったりする患者さんが多いんですよ。あとは、便意や尿意に気付かない排泄障害のある患者さんも少なくないので」

こうした共有空間を過ぎて、新規患者はまず病室へ。荷物を整理し、持参のパジャマに着替えると、看護師から他の患者に紹介される。が、そこで興味を示す者はまずいない。

新規患者は、テレビを見ようにも数多の先客に場所をキープされ、いったん医師の診療が終われば、夕食の時間まで何もやることがない。

その間、入院歴の長い古参患者が病室を覗きに来る。何も言わずずっと見つめたり、何やら意味不明な持論を展開したり、中にはそっと手を握ったり、突如、わめき散らす者など、挨拶の方法は千差万別だそうだ。

夕食は午後5時半から。棟内放送がかかるとフロアに患者が集まり、配膳済みのテーブルで全員一斉に食べ始める。

献立は、管理栄養士が立てたメニューだ。身体疾患（糖尿病、痛風、腎疾患、肝疾患）の有るものは料理が違うが、一般的な患者には、メインのフライ物（もしくは焼き魚、生姜焼きなど）とつけ合せの生野菜・温野菜、ご飯、味噌汁、漬け物が出される。

「火傷の心配がありますので、給食はすべてぬるいです。もちろん味も決して美味しいとは言えませんが、入院生活では唯一の楽しみなので、患者さんたちのがっつき方は凄まじいです」

大半の者が10分ほどで完食してしまう。他に楽しみがないせいであろう。自由時間の間中、自分の食べたいものをひたすら紙に書き続ける患者が少なくないそうだ。

食事が終わった患者たちは、看護師の前に一列に並び、処方の精神薬を順番に飲んでいく。抗精神病薬、抗鬱剤、抗躁剤、抗不安薬、睡眠薬、抗てんかん薬など…。飲み終えたら、その場で口を開き、看護師にチェックしてもらう（毎食後、この一連の作業が続く）。

この後、消灯の9時までは再び自由時間だ。が、煙草を吸ったり、本を読むぐらいしか選択肢はない。オセロやトランプ、将棋など、盤が凶器になるようなものはすべて禁止されているからだ。

「ただ、ボォ〜っとしているだけの人もいれば、昼間と同じく奇声ばかりあげる方も多いです」

当然、消灯後も騒がしいのかと思いきや、いざ電気を消すと安定剤の誘眠作用で、皆ぐっすりと眠りに落ちるそうだ。

◉医師自らの神経が潰される環境

朝の起床は7時。男なら電気カミソリでのヒゲソリから一日が始まる。この辺りは、一般生活と変わりないが、剃っている間は刃を隠したりしないよう看護師が監視している。

「その後に歯磨きなんですが、トイレ前の洗面台を奪い合って大変なんです。床が、血液の混じった白い泡で汚れてしまう。彼ら、力の加減を知らないため、毎回、歯茎から大量に出血させてしまうんです」

朝食のメニューはいたって普通だ。最も登場回数の多いのが、スクランブルエッグとソーセージ、ご飯、味噌汁、牛乳で、夕食同様、冷たくてマズい。それでも腹が足りないのか、残飯入れをグチャグチャかき回して食べる患者もいるという。

晩と同様、食後に処方薬を摂ると、朝はナースステーションで採血が行われ、治療プログラムを説明される。

「それが終わると再びフリータイムですが、もちろん外出などは一切できません。私たちに買い物を頼む人もいますね。お菓子とかジュースなどは大抵平気なのですが、他人にあげたり、食べさせたりするのは禁止です。トラブルの元になりますから」

『精神保健福祉法』で、電話は認められているので、この間に公衆電話で家族と話す者もいるそうだ。テレフォンカードをナースステーションで購入し、時間の制限もない。が、電話が終わればカードは看護師にいったん預けられる。これまた自傷・他傷行為に用いられるのを防止するためだ。

さほどに、武器や危険物の監理に神経を尖らせるのは、患者がいつ豹変するかわからないからだ。たとえ一日3回、安定剤を処方しても、発作的に何が起きるか先が読めない。まったく看護師の苦労は並大抵ではないだろう。

「そうですね。でも、直接診療する医師よりはずっとマシですよ。大学病院や精神病院で3年以上の専門臨床を経験したバリバリの精神保健医なのですが、そんな人たちでも自らが情緒不安定になるケースが少なくないんです」

医師と精神病患者の対面療法では、体や症状の具合、薬の副作用、日常生活の過ごし方など、その大半が直接会話で行われる。もちろん心電図や血液検査など一般的な検査もあるが、ほとんどの時間を支離滅裂な話に費やされるため、先に医師が参ってしまうのだ。一歩間違えば、直木賞作品『空中ブランコ』の主人公のような変人に…。それを防ぐためにも、彼女の病院では医師の担当がコロコロ代わるそうだ。

午前中、こうした診療が終わると、昼食では食事に変化をつけるため麺類が多く出される。

ナポリタンにミートソース、焼きうどん、焼きそば…。カレーライスやハヤシライスも昼が多い。そして昼食後には週2回、患者たち最大の楽しみの入浴がある。

「脱衣所がすごく狭くて、体を寄せ合うようにして服を脱ぐため、どこかのひなびた温泉旅館みたいなんですね。浴槽内は10人分のカランが並んでてシャワーはありません。私たちがお湯を流すのを手伝うんです」

患者たちは名前を呼ばれると、カランの前に行って自分で頭と体を洗い、その間、看護師たちに背中を流してもらう。

石鹸をお湯で流したら、いざ浴槽へ。このとき、湯船の中に大便がプカプカ浮いてきて、担当の看護師がマメに掬っているそうだ。

そして入浴後は、夕食までひたすらボーっと過ごす。閉鎖病棟の1日は、こうしてゆっくり過ぎてゆく。

◉男性患者にレイプされ性に目覚めた82才のお婆ちゃん

娯楽もない。刺激もない。もし常人が中に入れば1日で参ってしまいそうな異空間だが、果たして退院までにどれほどの時間を要するのだろうか。

「開放病棟の軽い症状の方でしたら3カ月で半数、半年で7割、1年で考えれば、8割の患者さんが退院していきます。ですから、単純計算2割ぐらいの人が閉鎖病棟で隔離生活をしてますね。彼らは、数年から十数年と完治しないことも珍しくありません」

それどころか、病状が重くなる者も数多く、些細なことから喧嘩に発展するのは日常茶飯事だ。

「たとえば、誰かが『物がなくなった！』と騒ぎ、気に入らない人間を一方的に犯人と決めつけてしまうトラブルが非常に多いです」

不思議なのは、そこから殴り合いまでには発展しないことだろう。制御の効かない人間同士がぶつかれば生き死にの問題と思われる。

「薬のせいです。安定剤のお陰で、殴り合いまでには発展せず、感情の起伏がセーブされているんです。すごい説明が難しいのですが、心がのっぺりとして、体を動かすのも億劫になるんです。病院内の患者さんたちが往々にして無表情なのは、明らかにそのせい。ただ、ときおり暴力よりも大変なことがありまして…」

セックスだ。感情が高ぶらないとは言ったものの、入院生活が長期間に及ぶと老人たちはなぜか気分が若返り、男女の体を求めだすという。

「ある82才の女性があまりに暴れるので一度隔離室に入れられたんですが、中で服を脱ぎだし、裸になって、新任の若い男性医師を誘惑しはじめたんです。なんでも彼女、複数の男性患者にレイプされて、性の欲求に火がついてしまった。加害者は20代、30代、40代の患者さんたちで、彼女の裸を見ていたら、心底哀しくなりました」

ほかにも、男性患者同士がベッドで裸のまま抱き合ったり、女性看護師に男性器を擦りつけたり。やはり看護師たちの苦労は並大抵ではないようだ。

「赴任直後の新任医師や新人看護師は、十中八九、顔を真っ青にして怯えてますね。私も慣れるまでに1年以上かかりました」


最後に――。

長い病院生活を終え、一般社会に戻れたとしても、精神病患者には、厳しい現実が待ち構えている。

復帰施設は皆無に等しく、家族からも受け入れを拒否され、社会の偏見も未だ治まらない。たとえ日常生活に支障のない軽度の入院記録でも、差別の土壌が日本には根強く残っている。

「そもそも、私たち医療機関が社会復帰に意欲的ではないんです。殺傷事件とか通り魔事件とか、なにか変なニュースがテレビで流れると、『もしかして退院した患者が！』って、ヒヤリとしてしまうんです」 

精神医療の現場は、患者も医師も看護師も、全員が絶えず混乱しているようだ。

私が殺した5人の患者たち

ベテラン精神科医がキャリア15年の告白す

陰でそう呼ぶ看護師がいるほど、精神病院が騒々しいのは前項記事に詳しいが、それでも表に出ないのが、患者の多くが自傷・自殺に傾いていくことだ。

これまで全自殺者の1〜2割が精神病患者というのが定説だったが、近年では9割が自殺時に何らかの精神障害を起こしてるいとの研究報告もある（最も多いのが鬱病患者で、統合失調症⇩アルコール依存症⇩老人性精神病の順）。

キャリア15年のベテラン精神科医（42才）が、患者を死なせた体験を明かす（医師と患者のプライバシー保護のため、地域や名前は秘します）。

◉クラスメートの言葉が被害妄想の引き金に

私が精神科医になったのは、人の生き死にに関わりたくないからなんですよ。外科や内科と違い、心の病で《死》に直面することは滅多にないだろう、と。甘かった。勤め始めたその年、いきなり自分の患者を死なせてしまいました。

田中美紀子さん（仮名）は、16才になったばかりの、高校1年の女の子でした。育ち盛りのはずが、高校に入学してから2カ月も経たず体重が5キロ近くも減り、ふさぎ込むことが多くなった娘を心配した母親に連れられてきた。本人は眠れないって言ってましたね。

中・高校生って、子供から大人へ成長する途中で、体と心のバランスが崩れがちなんですよ。で、『思春期心身症』を発症しやすい。第二次性徴を遂げる自分の体への違和感も加わって、不安感や強迫観念を持ったりするわけです。

美紀子さんの場合は、家では親のいうことを聞く良い子、学校では学級委員としてクラスをまとめなくちゃいけないっていう、プレッシャーが強かった。軽い鬱病と診断して、抗不安剤と睡眠薬を処方しました。

元々、鬱病になるタイプは責任感の強い真面目な人が多いんですよ。だから美紀子さんも隔週ごとにきちんと病院に通ってきた。

最初は口の重かった彼女も、だんだんしゃべるようになってきて、私は回復傾向にあると安心してたんです。文化祭に、クラスでやる劇の衣装係を任されたって、嬉しそうに話してましたしね。それが最後でした。

「田中美紀子さんは、先生の患者さんでしょうか。実は昨夜、飛び降り自殺を図りまして」

ある夜、警察から緊急の電話が入りました。

母親によると、やっと作り上げた衣装を自分でロッカーに仕舞ったことを忘れ、誰かに隠されたと勘違いしたらしいんです。それも被害妄想なんですが、翌日、学校を休んだ彼女にクラスメートが、「あなたが来なきゃ始まんないんだから早く来てね」って見舞いの電話をかけてきたら、その言葉に反応してしまった。

〈私のせいでみんなに迷惑かけちゃってごめんなさい〉

机に走り書きを残して、近所のスーパーの屋上から身を投げたんです。

◉入院させて四六時中、見張っているしかない

自分の見立てが間違っていたのではないか。彼女のサインを見逃していたのではないか。私が彼女を殺したんじゃないか――。

駆け出しの私は悩みましたよ。精神科医を辞めようとまで思いつめました。けど、先輩に言われたんです。精神科医が患者を救えると思うのは傲慢だ、って。

ほら、映画やドラマには、時間をかけて患者と話し込むカウンセラーがよく出てきますよね。精神科医っていうと、あのイメージがあるみたいなんですが、それって海外の話なんですよ。

例えば専門医制度を採るアメリカには、３万人の精神科医がいる。対して日本で精神神経学会に属する医者は１万人弱。実際に精神科で診療している数となるとはるかに減ると思いますよ。人口比率に直せばアメリカの６分の１がいいところじゃないですか。

私にしても、日に30人ほどの外来を診て、その後は病棟での回診。月に２〜３度の当直もあるから、１人の患者にかけられる時間は10〜20分ほどでしかない。

《治療は薬。原因究明はカウンセリング》と言いますが、実際のとこ、日本の精神科医の仕事って薬を処方することだけなんですよ。

鬱病の人には、大なり小なり自殺傾向があるから、確実に死なさないためには、入院させて四六時中、見張っているしか方法はないわけです。

大学生の高岡聡くん（仮名）も、似たようなケースでした。

一流とは言わないまでも、名の知れた４大に通っていた彼が私のとこに来たのは大学４年の冬です。就職が決まらなくて眠れないとのことでした。

社会学を専攻しているらしく、自分の病気について「鬱病でしょう。大して身体症状が出てないから軽度ですよ」なんて分析してみせたり、本当に病気かって疑いたくなるくらいでした。

彼とは診察というより雑談のような形で話をしてましたが、結局、その年は就職浪人を決めて大学を留年したんですね。

就職課に日参して会社訪問にも精を出してるようでしたが、ちょうど《就職氷河期》なんて言われてる時期で、その年も思ったように内定がもらえなかったんです。

年の瀬に会ったときは、気長にやりたい仕事を探しますなんて言ってたのに、正月、元の同級生と飲んだ帰り、発作的に高速道路にかかる架橋から飛び降りた。

大型車に次々引かれてバラバラだったようです。両親の元にはほんの一握りの遺体しか戻らなかったって聞きました。

◉みんながオレを抹殺しようとしている

最初は、どの患者も死んじゃうんじゃないかって不安で仕方なかったけど、間もなく

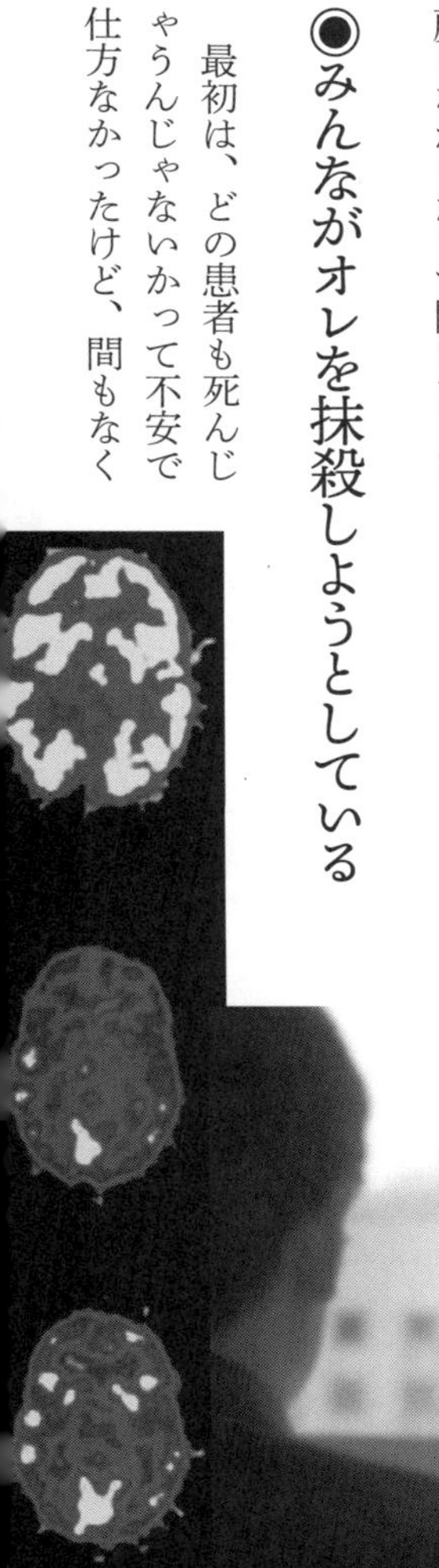

慣れました。

だって年に3万人の自殺者がいて、そのうちの2割、6千人が精神病を患ってるって言われてるわけです。単純に、1日17人でしょ。自分の担当じゃなくても、誰先生の担当だったとか、どこ病院の患者だったとか話が入ってきますからね。

日本じゃ統計が少ないんですが、精神病院内での自殺も少なからずある。入院患者については極力目を光らせてますが、通院患者はそうもいかないんで、屋上から飛び降りたなんて話は、どこの病院に行っても出てきますよ。幸い私は体験してませんけどね。

ただ、精神病患者の自殺が多いと言っても、世間的には重大事件を起こしやすいってイメージがあると思うんですよ。宮崎勤事件や大阪の池田小事件の例がありますから。けど、統計的には他者への暴力的行動に走る患者は少ないんですよ。割合で言えば7対3ぐらい。重大事件に占める精神病患者の割合も、健常人との人口比で見ればかなり少ないはずです。

しかし、暴力的行動に出る人間にも自傷願望があったりするんでやっかいなんですよ。

岩田尚之さん（仮名42才）は、3年前の夏、私が当直の日の深夜に警察車両でビニールシートで簀巻き状態にされ運び込まれた患者さんでした。突然、家族に包丁を振りかざし、そのまま近所の火の見櫓に駆け上って暴れたっていう。

本来なら傷害事件として警察が扱うべきことなんですが、岩田さんは警官の問いかけに包丁を振り回しながら「みんながオレを抹殺しようとしてる」とか「おまえたちの魂胆はわかってるんだぞ」なんて怒鳴ってた。

消防隊が出動して道路にマットを敷き、所轄の警官が説得を重ねてやっと取り押さえたものの、言動がおかしいとうちの病院へ搬送されてきたわけです。

駆けつけた奥さんによると、半年ほど前に会社をリストラされたのが原因じゃないか、と。プライドが高くて奥さんに言い出せず、1カ月ほど会社に行く振りをしてたそうです。で、なかなか再就職先が決まらない岩田さんの代わりに奥さんがパートに出たら、必要以上に気を遣い、挙げ句、「オレに甲斐性がないから」「タダ飯喰いだ」なんて自分を責めるようになったらしいんですよ。

奥さんの同意を得てそのまま入院してもらうと、翌日には落ち着きを取り戻し、1週間も経つころには穏やかな表情を見せるようになりました。ストレスによる一過性の短期精神病性障害と診断して、クスリを処方し、通院を約束させて退院させたんです。

ただ、病院にはきちんと顔を出しましたが、状況を聞いても「なんともない」の一点張りで、私の前じゃ乱れた素振りもみせない。

こういう人が案外、危ないんじゃないかって思ったら案の定、アテにしていた再就職の話が流れたその夜、大酒を飲んだ岩田さんは、また暴れた。今度は、止めに入った居酒屋の客を相手に大立ち回りを演じ、最終的には「おまえらの言いなりにはならん」と、近くの橋から川へダイブしたそうです。
雨の後で水量が増してたとかで、遺体が見つかったのは2日ぐらい経った後でしたね。

◉胸にナイフを突き立て最後は頸動脈を

どの町でも、ちょっと言動のおかしな人っていると思うんですよ。下半身裸でブラついてるとか、他人の家に勝手に入っちゃうとか。本人には悪気がなくて、警察に通報しても、警官は精神疾患の人間が相手だと事件にならないのを知ってるから「またお前か」で済ませちゃって、同じ事を繰り返す、みたいな。

宮崎康夫さん（仮名32才）もそういう1人でした。昔から動物が好きで、休みになると開園から閉園まで動物園に通って動物を眺めてたらしいんですよ。

それがここ数年は様子がおかしくなって、働いてた工場も辞めて毎日、動物園に行き、ときどきオリの中に入っちゃうようになったんです。特にサル山がお気に入りで、飼育員が目を離すと高いサクを乗り越えてサルと一緒に走り回ってたりする。

１１０番通報で何度か警察が出動して、さすがに5度目になったとき、病院に入れた方がいいんじゃないかって家族と話し合いがもたれたそうです。

で、入院したわけですが、クスリのお陰で症状は回復するんですよ。軽度の統合失調症だと思われたので半年とか、長期の入院を勧めたのですが、家族は一刻も早く精神病院から出したいと言い張る。

いざ退院したら、クスリだけはお母さんが取りに来ましたけど、本人は病気の自覚がないから通院もしない。結局、半年ぐらい経って亡くなったって聞きました。

なんでもリストカットするようになって、手首を切ってるうちはまだよかったのが、胸にナイフを突き立てたり、最後は頸動脈を切ったそうです。

◉薬の量を増やして1週間後に心臓発作

これは口にすべきか迷いましたが、あえてお話ししましょう。

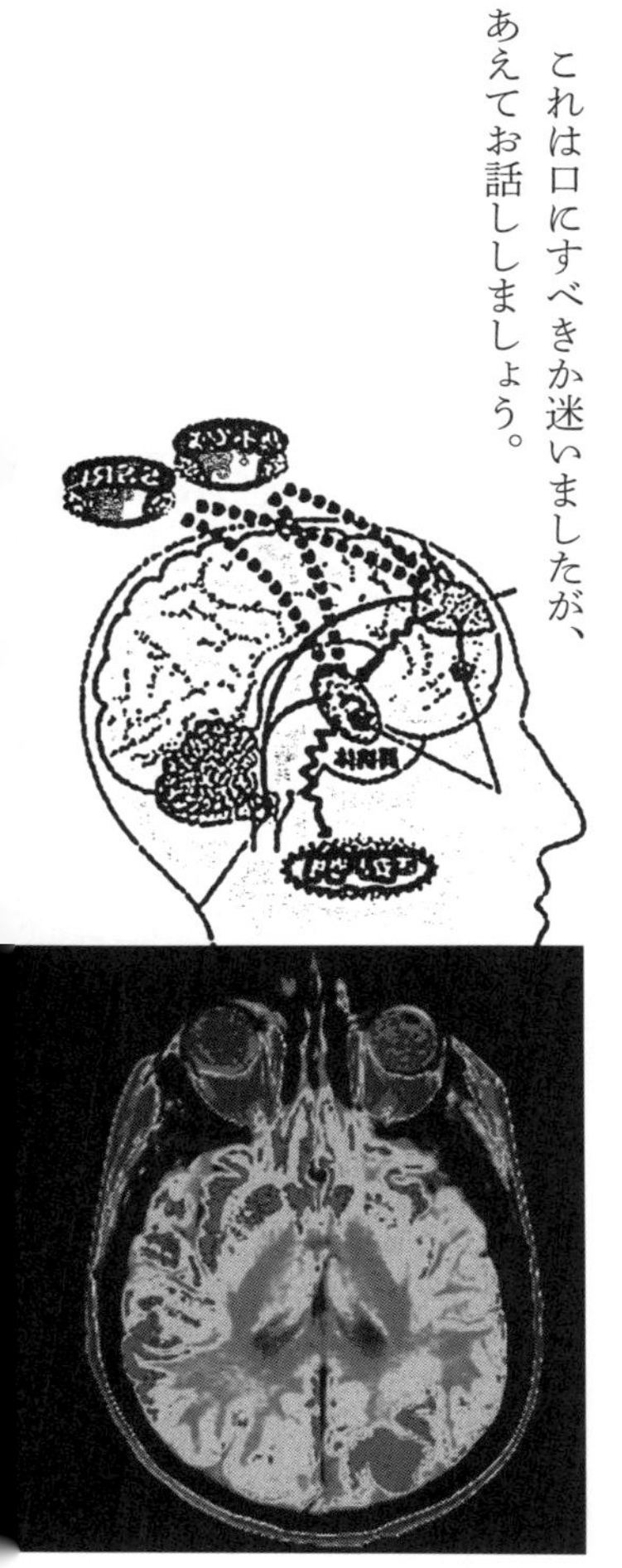

患者には罪はありませんが、精神病を患った者を世話する側の実態。そして、タブーとされる精神病院の中で感覚が麻痺していく私たち医療関係者のことを。

柳沢さん（仮名、82才）は、アルコール依存症の患者でした。一緒に住む長男夫婦によると、若い頃から酒を飲んでは家族に暴力を振るっていたのが、15年前に奥さんを亡くしたことでますます酒に溺れるようになったそうです。

朝から酒を飲んでは暴れ、ここ10年ほどは幻覚症状が出たため精神病院へ入ったり出たり。高齢ですが、180センチ近い長身の上、ガタイもいいから柳沢さんが暴れれば、大の男が3人がかりでも止められない。うちに転院してきたのも、看護師に対する暴力が酷すぎると、他の病院を追い出されてのことでした。

うちへ運び込まれた夜も、抑制帯で縛り付け、鎮静剤を射ってなんとか眠ってくれましたが、何発か殴られた看護師がいたようです。

1週間ほど様子を見て、今後の方針について話し合うため家族を呼びました。落ち着いたので退院させるか、それともこのまま入院か？

私が問いかけると、50を過ぎた長男が「これでお願いします。もうアテがないんです」って、100万円の束を差し出してきた。

障害者手帳があるため入院費用はさほど負担じゃないが、バカにならないのが慰謝料や弁償代です。飲み屋で隣り合った相手に殴りかかって怪我させたり、看板や店を壊したり。

その都度、家族が足を運んで謝り、弁償してきたものの、もはや限界。前借りした自分の退職金も底をついたと、ポロポロ涙を流すんですよ。

「…では、投薬の量を増やしましょうか」

私は思わず言ってました。患者の人権と口で言うのは簡単ですが、面倒を見る側にすれば自分たちの生活もある。お母さんの死後、15年世話をしてきたわけですし、解放されてもバチは当たりません。

本来なら1、2錠で十分な抗不安剤を3錠ずつ渡すことにしました。通常、入院患者は処方薬を服用したか看護師が確認しますが、それも例外とした。

どうなったかと言うと、柳沢さんは1週間ほどで発作を起こして亡くなりました。心不全です。

患者は例外なくクスリを飲みたがりませんから、柳沢さんもそうだったはずです。と、幻覚症状が出る。そこで溜め込んでいたクスリを一気に飲んだんでしょう。

「ありがとうございます」

遺体を引き取りに来た長男の顔には、安堵が宿っていました。

心が壊れた人たち

第2章

精神病院のある街

リポート●藤塚卓実●裏モノJAPAN編集部

都内某所にあるその町は、一見、ごく普通の佇まいだ。駅前には商店や飲食店がこぢんまりと建ち並び、少し駅を離れると古い家と新築の戸建てがほどよく混じり合った住宅街が広がる。派手さはないが、ファミリー層にはおあつらえ向きの環境だろう。

しかしこの町には一点、普通の町ではまずお目にかかれないものが存在する。商店街や住宅街と隣り合う形で、巨大な精神科専門病院が横たわっているのだ。

入院患者数、およそ700人。そのうち軽症の患者は外出が可能で、また1日あたりの通院患者は400人を超えると聞く。つまり、大勢の精神病患者がそれだけ町中に溢れているると言えるわけだ。

どうにも好奇心が抑えられない。そんな特殊な町を尋ねれば、どのような光景が飛び込んでくるのか。そして、いかなる出来事が待ち潜んでいるのだろう。

◉「反省しろ！　ほら、男娼ほら！」

憂鬱な曇り空の広がる2015年11月某日、午前9時。目的の駅を降りて歩き出すと、すぐさま目の前に妙な風景が現れた。大人の男性より少し高い鉄柵の壁が、末端が見えないほどはるか彼方まで伸びている。どうやら件の病院はこの鉄柵の内側にあるらしい。恐ろしく広大な敷地だ。

病院の外周に沿って進むうち、入口の門が見えてきた。監視カメラや警備員の詰め所があるあたり、いかにも〝らしい〟というか、かなり物々しい雰囲気だ。

そして、その門へ吸い込まれるように入って行く大勢の老若

ごくごく普通の街だけど…

男女。通院患者なんだろうか。きっと中には病院スタッフも紛れているんだろうけど、これだけの精神病患者を目の当たりにすると、嫌がおうにも気づかされる。生きづらい国なんだな、ニッポンは。

病院を離れ、隣接する住宅街に足を向ける。しばらくして、どこからともなく陽気な歌声が聞こえてきた。

「芸ぃの〜ためならぁ〜女房も泣かすぅぅぅ〜」

気持ちよさげにノドを鳴らしているのは公園のベンチに座る白髪のジーサンだ。思わず凝視すると目が合い、手招きしてきた。

…なんだ？

やや警戒しつつ隣りのベンチに腰かけた途端、ジーサンが言う。

「何なのキミは。最近のダンショウは昼前から色目を使うの？」

「…え？」

突然、何を言ってんだ？

昼間の男娼が許せないそうだ

「こらダンショウ、おい！」

「あの、ダンショウってあの男娼のことですか？」

「そうだよ。別に男娼が悪いって言ってるんじゃないよ。ただ、こんな明るい時間は不謹慎じゃないかなって思うでしょ。子供たちが見たらどうするの？」

真剣に腹を立てているようで、ジーサンの表情は険しい。しかし、どこか虚ろな目といい、意味不明な会話といい、おそらくやこの人は…。

「あの、失礼ですけど、あそこの病院に通われたりしてます？」

「うん、そうだけど」

ビンゴだ。って、別にうれしかないのだが。むしろよけい怖くなったんだけど。

ジーサンの口調が徐々に熱を帯びてきた。

「キミが男娼なら許すわけにはいかないな。ここはそういうことしていい場所じゃないからね。反省しろ！　ほら、男娼ほら！」

脅すように拳を突き上げてきたあたりで、ひそかに逃げの体勢に入りつつ謝罪する。

「あの、自分は男娼ではないです。まぎらわしくてすいません」

途端にジーサンがニタリと笑う。

「だから男娼は別に悪いことじゃないんだって。カワイイ顔してるんだからヒゲは剃った方がいいんじゃない？　頑張ってね」

いいのか悪いのか、結局どっちなんだよ。

◉「気になるの。ハッキリ言うと好きなの」

それからしばらくして、駅前の交差点で何やら妙な白髪ロングヘアーの婆さんが目に留まった。人の流れを無視するようにジッと立ち尽くしたまま動こうとせず、ただ虚空を眺めている。ボーッとしていた人が突然、瞬間冷凍されたみたいな案配だ。

信号が3度目か4度目の青になったとき、ようやく婆さんは動き出した。が、どうも動作がオカシイ。抜き足差し足でゆっくり移動したかと思えば、今度は電信柱の陰に身を隠して何かを伺うような体勢に。彼女の視線の先には郵便局がある。はて？

悩んだ挙げ句、勇気を出して声をかけてみることに。

「あの～すいません。何をされてるんです？」

「シッ！」

彼女はこちらを見向きもせず指を口に当てた。

「静かに。見つかったら大変よ」

「はい、静かにします。でも何をされてるんですか？」

「●●さんが今そこにいるの」

「●●さんて？」

「シッ、静かに。ほらあの人よ」

彼女が指さしたのは、ひとりの男性郵便局員だ。何かの作業中なのか、局の建物をしきりに出たり入ったりしている。

「あの局員さんがどうかしたんですか？」

「気になるの。ハッキリ言うと好きなの」

「あ、そうなんですね…」

いい歳こいてこの婆さん、まるで乙女じゃないですか。

やがて●●さんが局の中に入ったまま戻らなくなると、彼女は少し寂しそうな顔をして話し始めた。

「夏ごろから気になってるの」

彼女、やはり以前から例の精神病院に通院している方だそうで、たまたま郵便局前で●●さんを見かけた際、一目惚れしてしまったらしい。以来、通院のついでにいつもこうして彼の様子を見守っているんだそうな。非常にバカバカしくもあるが、ややけなげでもある。

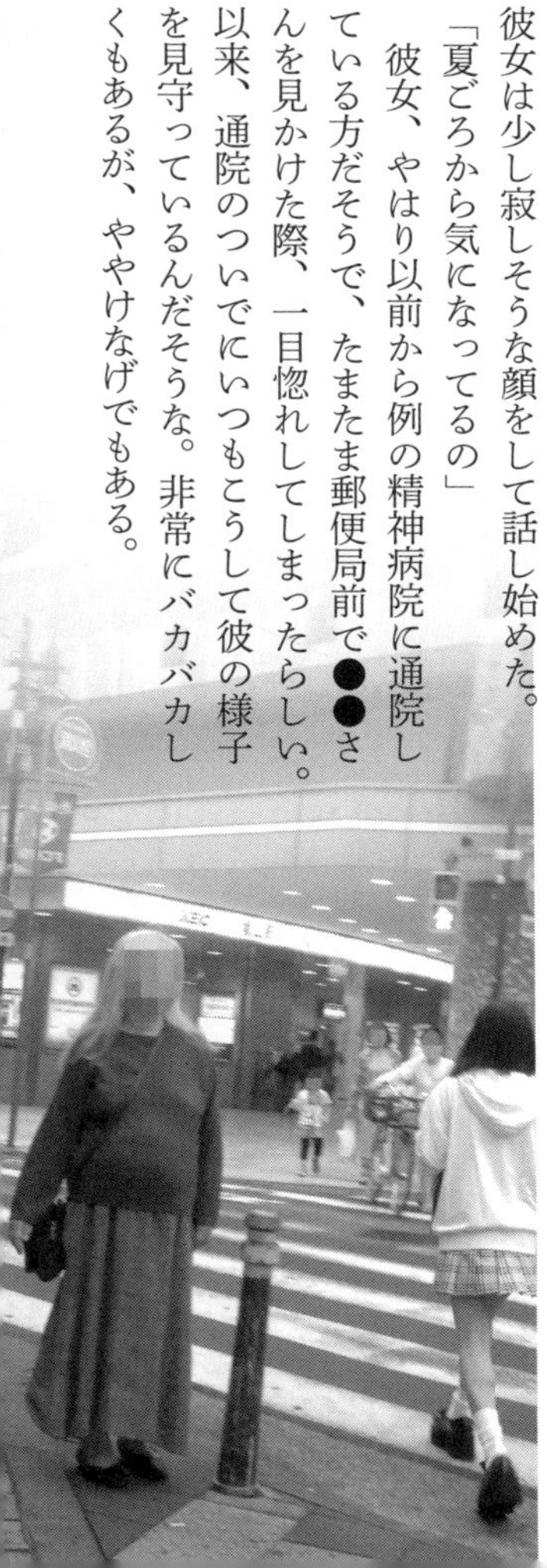

なぜ突っ立ったまま？

恋の真っ最中だそうで

半ば本気で尋ねてみた。

「よかったら●●さんの連絡先、代わりに聞いてきてあげましょうか？」

もともと表情の乏しかった彼女の顔が一層、能面じみたものになった。冷めた声が口から漏れる。

「ふざけんじゃないわよ」

そのまま婆さんはどこかへ立ち去っていった。自分の恋は自力で成就させたいようだ。

◉「食べながらオシッコするのよ」

再び歩きはじめてふと後ろを振り返ったのは、無意識に勘のようなものが働いたからなのだろうか。振り向いた先で、さっきの男娼連呼ジーサンが慌てて物陰に隠れるところを目撃してしまった。

背中に冷たいものが走る。もしや尾行されてる？　でもなんで？

恐る恐る歩み寄る。

「あのう、何か用ですか？」

ジーサンはこちらが心配したくなるほどの狼狽を見せた。

「い、い、いや、なな、何もないけどぉー！　う、うんー！」

「ホントですか？」

「ホッホントに。な、何もないよ、うん！」

次の瞬間、ジーサンが老人とは思えないスピードで逃げ去っていった。途中、こちらに向かって罵声を上げながら。

「き、汚らしいんだこの男娼バカ！　通報するぞバカ！　バカ野郎！」

何なんだよ、いったい…。

昼過ぎ、目についたメシ屋へ。注文のついでにオバチャン店員に話を振ってみる。

「この界隈って変なお客さんとか来たりします？　ほら、あぁいう病院が近くにあるから」

「ああ、はいはい。そういう方はしょっちゅうよ」

オバチャン、表情がパッと明るくなった。どうやらこの手の話題は嫌いじゃないらしい。

「つい昨日もね、ズボンをはかないでパンツのままのお客さんが来たわよ」

「そんな連中がしょっちゅう来るんですか？　困りません？」

「うーん、変な人は多いけど、暴れたりするようなことは滅多にないしね。あ、でも、一度すごい嫌な目にあってね」

「はあ、どんな？」

「食べながらオシッコするのよ。ジャーって。それも知らん顔してやるもんだから他のお客さんもビックリしちゃって」

オバチャンがさも忌々しそうにしかめ面をする。

「さすがに飲食店だから、そういう排泄関係はねえ。パンツ一丁ならまだいいんだけどさ」

いや、パンツ一丁も十分NGだと思うのだが。あるいは、この町で商売していると感覚がマヒしてしまうのだろうか。

◉「ねえオババサーン！ ツーアウト！」

2時間後、駅付近のコンビニに立ち寄ったときのことだ。ドリンクを買って表に出ると、ふいに誰かの叫ぶ声が聞こえた。

「クソジジイ！ アウト！」

驚いて見れば、付近の奥まった路地に、キャップを被った奇妙な髪型の男がウロウロしている。歳は40半ば。帽子と大きなギョロ目の組み合わせは、さかなクンそっくりだ。何だろう、アイツは。

と、そこへ、自転車に乗った中年男性が通りをスイ〜っと横切った。すかさず路地から飛び出したさかなクンが自転車男性の背中に声を浴びせる。

「クッソジジイ！　アウト、アウトォ！」

どうやら通りを行く人々にいちいち罵声を投げかけているようだ。タチ悪いなぁ。

おや、今度は中年のオバサンが向こうから歩いてきたぞ。

案の定、オバサンが目の前を通過したタイミングで、さかなクンが隠れていた路地から躍り出る。

「ババア！　ねえオバサーン！　ツーアウト！」

間髪入れず反対方向から2人組の女子高生が。マズい、あの子たちも罵声を浴びせられるぞ。

またしても、さかなクンが駆けだす。

「オネ～サ～ン、行ってらっしゃ～い」

アウトじゃないんかい！　しかも声まで優しくなってるし。

別にそのまま放っておいてもよいのだが、ああいうふざけたキャラを無視するのはもったいない。ちょっと話し

通行人に謎の罵声を浴びせるさかなクン。突き飛ばされなくてよかった

かけてみよう。

「こんにちは。さっきから何をされてるんですか？」

近づいた瞬間、さかなクンの顔にはっきりと緊張の色が走った。

「え？　いや、まあその、いま母親の迎えを待ってまして。ええ」

「そこの病院に行ってらっしゃったんですか？」

「はい、さっき診察が終わったところでして。あの、何か…？」

真っ当な受け答えができることに面食らった。さっきまで「クソジジイ、アウト！」と叫んでいた男と同一人物とはとても思えない。

と、そのとき、付近の店から現れた店員のオニーサンが、小走りで近づいてきた。おれの腕をがしっと組み、さかなクンから引き離す。あれ、どうしたの。

「ちょっと、あの人をあまり刺激しない方がいいですよ」

顔が真剣だ。

「いやホント、突然キレるから。前も一度、うちのお客さんが危ない目に遭ったんだよね」

例によって通行人にアウトコールを浴びせていたさかなクンに憤慨し、彼の店の客が注意したところ、突然、突き飛ばされたというのだ。車が走行中の道路に。

「幸い、お客さんにケガはなかったんですけど、もしそうなっていてもああいう人たちは責任能力がないんですから、何かあっても取り返しがつきませんよ」

◉上手くなだめる同病の者も

午後4時。徒歩で行けるところはあらかた探検し終えたので、お次はバスに乗って少し行動範囲を広げてみることに。

ちょうど駅前のバス停に停まっていた1台に乗り込み、後部座席に腰かける。

異変はバスが発車して1分も経たずに起きた。

「あ〜〜〜、もうやだな、死のうっかなぁ、俺！」

すぐそばに座っていたオッサンが、突然、大声をあげるのだ。車内は水を打ったようにシーンと静まりかえっている。当たり前だ。

そんなことにもお構いなしにオッサンが再び投げやりな声を張りあげる。

「もうどうしよう、死ぬしかないのかなぁ！　あーあ！」

と、オッサンの前の席に座っていたオバハンがくるりと後ろを振り返った。てっきり、ハタ迷惑なオッサンを叱りつけるのかと思いきや、

「失礼ですけど、あなた、統合失調症（※幻覚や幻聴にさいなまされる精神病）？」

意外な台詞が飛び出てきた。

気をそがれたように、オッサンが小さく答える。

「…え、まあ、そうだけど」

「実は私も同じ病気なの。薬はちゃんと飲んでるの？」

「うーん、飲んでるんだけど症状が安定しなくて…」

「何か頑張りたいことを決めて、無理のない範囲で続けるといいよ。もちろん薬も大事だけど、こういう病気はね…」

淡々としながらも親身になって話すオバサンに、「うん、うん」と素直に耳を傾ける男。すっかり落ち着きを取り戻し、最後は「どうもありがとう」と礼を言ってバスを降りていった。

バスで奇声を発する者もいれば、それを上手くなだめる同病の者もいる。こういうのもまた、この町ならではの光景なんだろう。

◉「だけど乳首がなぁ！　黒いってのがなぁ！」

界隈をバスでぐるぐると周り、元の駅に戻ってきたころにはすっかり日も暮れていた。

前席のオバサンのおかげで自殺願望はとりあえずなくなったようだ

病院の外来時間もとっくに過ぎたようで、入場門は固く閉ざされている。こうなると、患者たちがふらふら町に繰り出すことはもうないだろう。

撤収しようと駅へ向かう途中、近くの書店に立ち寄った。雑誌コーナーでしばし週刊誌を立ち読みしていたところ、ふと隣りから妙な声が。

「う～わ…う～わ…」

ちらりと横目で確認する。青いセーターを着込んだ40前後の男が、グラビア誌を読みながら、ズボンの上から股間をモミモミしていた。それも軽い感じではなく、鷲づかみにした股間を大きく前後左右にさするようなかなりエグイやり方で。

やがて、音量大きめの独り言も。

「…う～わ、Gカップかぁ～！　だけど乳首がなぁ！　黒いってのがなぁ！」

アッチ系の人なのは間違いない。病院が閉まってもまだ徘徊しているとはどういうわけだ。

「失礼ですけど、あそこの病院に通ってる方ですか？」

声をかけると男はチラッとこちらを一瞥し、スタスタと雑誌コーナーを離れていった。

「あ、あの…」

「プロレス、プロレス！　あれがどうもダメなんだよな！」

意味不明な台詞を吐き、男が店内フロアで妙な動作をはじめた。クルリとターンしたり、足踏みしたり、ズボンを思いっきりつり上げて股間を強調したり。何かよろしくないスイッチが入ってしまったようだ。

　小さな女のコを連れた母親が、男の様子に青ざめ、逃げるように店を出ていった。他の客も、何なんだアイツはと一様に顔をしかめている。

　やがて見かねた書店員がやんわり退店を促すと、男は「ふう」と大きく息を吐いてうなずいた。

「大変ありがとうございました。また来ます！」

閉門後も町中に
患者らしき姿が見られる

無事、男が去った後、店員に話しかけた。

「大変ですね。いつもこうなんですか？」

「ああいう病院が近くにあるので、やっぱりねえ…。でもまあ、ここらの人はそういう事情をわかってるし、誰もそんなに気にしてないとは思いますけどね」

★

今回の訪問。部外者のおれにはかなりショッキングな場面が少なからずあったが、地元の人にとってはありふれた日常に過ぎないという印象を受けた。町におかしな人がいるとはいえ、それを原因とする悲惨な事件が起きていないことも大きいのだと思う。この先もずっと、平和が続くことを願うばかりだ。

おやっさん、破壊光線に狙われてます！
電波野郎が
組にやってきた
チカッ
チカッ
リポート◉川原康範◉36才
漫画 松田 望

おやっさん、破壊光線に狙われてます！

電波野郎が組にやってきた

わかったんなら
さっさと動けや！
ダダッ
賭場のシノギで
親分に認められ
兄貴、電話です
おぅ、
わしや！
5年前から若手の
教育係も
任されている
暴力バカに
トルエン中毒
ヤクザの新人教育
ほど面倒なもの
はない
しかし、
アイツに比べたら
みな可愛いもんだ。
あの男に比べたら…

おやっさん、破壊光線に狙われてます！

電波野郎が組にやってきた

根岸の兄弟の甥っ子でな！ 年少2回入っとるんだわ。面倒見たってくれへんか

まぁ使えそうやな…

オマエのオヤジんとこには、もう連絡入っとるさかい
わかりました。責任持ってお預かりさせていただきます！

ブロロ…

甥っ子やからって手加減せーへんど
はい！

年少なんかより全然厳しいからな
はい。でもオレは金持ちになって親孝行したいんですわ

深刻な人手不足のヤクザ社会とはいえ、暴力バカでは長続きしない
その点、この若者は有望だった

しかし——
ブロロロ。。

タタタ。。

ビクッ

……？
ジー

どしたんや？
いえ、何でもありません！

頼むで。マジやねんから
ワン！

ソ〜

フム
フム
カリ
カリ

兄貴、あいつ大丈夫でっか？
フムフム
〝破壊光線〟が『組に放射されてる』とか言うてましたで
は？
へんなトランシーバーみたいな機械も持ってるんですわ
…シャブでも喰うとんかな!?
いやぁ…それはないと思いますけど
カリ
カリ
……

!!

ドスン
う、うわっ!!
どないしたんや！
このスーツ、情報を受信する特殊繊維が縫いこまれてます！
お前、なにぬかしとんじゃ!!

これは公安の仕業です！
誰が公安じゃや！
ブチン
おまえ、ええ加減にさらせ！

ドコ
ガッ
本当なんです！
危険です！
おどりゃあ～!!
ガッ
何考えてるんや！
この前も、米に劇薬が撒かれていたんです！危険なんですよ！
正直に言うてみぃ。シャブ喰うてんのか!?
覚せい剤はヤツらの差し金です。術中には絶対ハマりません！

おやっさん、破壊光線に狙われてます！

電波野郎が組にやってきた

!?

礼金を取りに来られた若い方が電波がすごい！癌になる！言われまして…
タ…タケシや…
おやっさん！あいつがアルミ貼った店、他に何軒もありまっせ！
ドドドド。。。
なに！
ほんでアイツは、どこ行きよったんや？
今日はぼん賭場で手伝いしてます！
か、か、確保や〜〜

おやっさん、破壊光線に狙われてます！

電波野郎が組にやってきた

危ない！ その
電波に当たったら
体に穴が開くぞ!!

え！

一般市民にはやめろ!! やるんなら俺をやれ!!
ガ
ワッ

バン

……
シーーン…
ガス
ガス
ガス

ワー
ワー
やめんかい！
プル
プル

波動を感じたんだ!!
何故わからないんだ!?
ええかげんにせぇ!
オマエは破門や!
ここへ来たのは、「この組へ入れ」という声が聞こえたからです!
……
ワナ
ワナ
とにかく、二度とそのツラ見せるな!

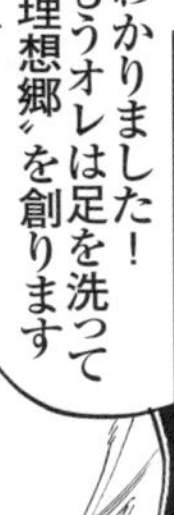

正直、二度と
関わりたくない

何を主張しているのか

リポート◉建部 博◉元裏モノJAPAN編集部

電波住宅は

ときどき奇妙な家を見ないだろうか。壁一面の落書きや張り紙で何ごとかを主張している家を。

主張内容は、自民党だったり自衛隊だったり総理だったり宇宙人だったりと、たいていの場合、脈絡はよくわからない。

これらの家は一部の間で「電波住宅」と呼ばれる。「電波に命令された」などと口にする、いわばちょっと妄想癖のある人の仕業だと思われているためだ。

触らぬ神に祟りなしで、多くの人は片付けてしまうだろうが、それではいけない。彼らは主張しているのだ。おのれの家というキャンバスを使って。だったらその思いを聞いてあげようじゃありませんか。

爆投少年男って誰だ？

外壁一面に、独特の書体の文字が書いてある。「まちぐるみ放火防止」「公民連携まちづくり」まではいいのだが、一番上には「バシト燃物投入お断りラジコン放火防止実施中」とある。意味がわからん。

家の横にまわると「爆投少年男」「1994年から表示」の文字も見えた。そんなに昔からこの状態なのだろうか。〝爆投少年男〟なるネーミングも異様だ。ともかく

主張は山ほどありそうである。

　玄関にはドアもチャイムもない。テープや張り紙でふさがれていて、侵入はおろか、中の人も出れなくなっている。どういうこっちゃ。

　しかたないのでご近所さんに話を聞いてみよう。

「すいません、あそこの家について聞きたいのですが」

「あそこね…」

　出てきたおばちゃんは面倒そうな顔をしている。

「誰か住んでるんですかね？」

「…あそこには触れないほうがいいわよ。近所も皆そうしてるから」

　おばちゃんは小声でそう言うや、どんどん語りはじめた。

「今も住んでるみたいだけど、最近は誰も見てないのよ」

「いつから落書きがはじまったんですか？」

「もう20年くらい前からかな」

　相当な年季だ。20年も頑張ってまだ主張は聞き入れられないのか。誰に、何を、って問題でもあるが。

「2カ月くらい前にお母さんが亡くなって、それからは静かなの」

　あの家には母と娘（50才くらい？）が2人で住んでいた。娘がいきなり落書きをはじめ、

張り紙のせいで
玄関に入ることも
できない

母も最初は止めていたが、いつの間にか一緒に落書きをするようになった。今年に入って母が亡くなり、落ち込んだ娘は外に出なくなった、ということらしい。

「でもなんで落書きしはじめたんですかね？」

「家の横に細い道があるでしょ？ あそこを車が通ったときにこすっちゃったのよ。それに怒った娘さんが書きはじめたの」

なんだそれ。爆投少年男や放火は？

「落書きを見て近所の悪ガキが石を投げ込んだり、花火をしたのね。それに抗議する形みたい」

爆投少年男＝石を投げるガキ。ネーミングは正しい。むしろ上手い。

「とにかく、最近は大人しくしてるんだから刺激しないでね」

近所の人はみな同じく、触れないでおこうというスタンスのようだ。わかった。そっとしておこう。

ぱっと見、何かのお店のようなポップな外観だ。だが近づいてみるとその異様さに気づく。

まずはポツポツと飾られたお面。大仏様やマジシャンが使うようなモノまで無造作に張られている。他にも「危」の文字が数枚ベタベタ。気味が悪い。

さらには様々な詩のようなものや、達筆な文字で書かれた「私は急がない」の文字に目が止まる。昨今流行のスローライフでも取り入れているのか。

チャイムを鳴らすと「ハーイ」という男性の声が聞こえ、まもなくドアが開いた。出てきたのは頭を剃ったコワモテのオジサンだ。

「あの、ココが気になって来てみたんですけど」

「はあ」

「色々書いてあるのはどういう意味なんでしょうか？」

男はオレの全身を見回し、ゆっくりと口を開いた。

「別に意味なんてないよ」

意味がない？　そんなワケないだろ。

『私は急がない』ってのは…」

「ああアレはね、交差点で事故が多いんだよ。だから、急がないでゆっくり走れば事故なんてなくなるよってこと」

家はちょうど大通りの交差点角に建っており、過去に事故が多発してるそうだ。「危」の字も同じ目的で張っているらしい。

「じゃあお面とかは？」

「…知りたい？」

なんだその意味深な微笑みは。知りたいような知りたくないような…。

「別に意味はないんだってば。ゴミを捨てるのがイヤだから、飾ってるだけ。変な人が近寄ってこないでしょ？」

というよりもマトモな人が近寄ってこな

くなるんじゃないでしょうか。

「奥にもあるから見てく？」

オジサンはサンダルを履いて建物の奥にオレを案内する。

「ほら、コレは俺が作った風車なんだよ。風が来ると回るんだ」

なぜ逆向きなのかはわからず

確かに風車が1本立っている。が、これは何のために？
「意味なんてないよ。兄ちゃん、すべてのコトに意味を求めちゃいけないよ」
哲学的なことばをもらい、おとなしくその場を辞した。

無数のペットボトル

家の周りの竹垣すべてに、ペットボトルが刺さっている。猫よけかとも思ったが、アレだったら普通は水を入れておくものだ。こんなに大量にもいらないし。

意をけっしてチャイムを鳴らす。ピンポーン。すいませーん。

だが人が出てくる気配はない。留守か？　もう一度チャイムを押す。と、ドアの向こうでかすかに女性の声が聞こえてきた。すいません、ちょっとお伺いしたいのですが。

「ハイ、どうしました？」

「あの、ペットボトルについてなんですが」

「……」

ドアが閉まったまま応答はない。

「教えてほしいんですけど」

「…今はわかる者がいませんので、夕方来てください」

ふむ、この女性はわからぬまま住んでいるわけか。こんな無数のペットボトル、わかっておきたいだろうに。わかる者がわからせてあげればいいのに。

言われたとおりに1度退散し、夕方再訪する。チャイムを鳴らすとまたさっきの女性の声がした。

「どちらさま？」

「昼にきた者です。ペットボトルについて聞きたいのですが」

女性は出てこない。失礼してドアを開けようとしてみたが、カギがかかっていた。

「ダンナはまだ帰ってません。帰ってくるかわからないのでもう来ないでください」

「ダンナさんはなぜペットボトルを並べてるんですか？」

「ダンナの趣味です。お帰りください」

趣味か。趣味ならば奥さんもよくわからんか。

情熱の男

以前、山谷と呼ばれるこの一帯に、共産党のポスターとともに「タノムユメトキボウ」「情熱の男」などの文字が並ぶ店があった。

ところが久しぶりに現地に行くと、文字がなくなっている。

どういうことだ？

近づいてみると、そこは小さな寿司屋だった。おっさん客たちがテレビで競輪を見ながら盛りあがっている。

「Tさん、ヒカリモノ握ってよ」

競輪で勝ったおっさんが、カウンター奥に立つ店主に注文した。Tさんと呼ばれるこの人が奇怪な文字を書いた張本人だろうか。ビールを頼んでしばらく観察することにした。

「Tさん、久しぶりだね」

「おー、どうした？　また来たのか？」

「そうなんだよ〜。泊まるとこ紹介してくんねえかな？」

「わかったよ。じゃあ明日また来いや」

　Tさん、ずいぶん頼りにされてんだな。ここらで顔がきくおっさんなのだろう。競輪のレースが始まると客と一緒に大声を張りあげるとこもなんだか馴染みやすそうだ。

　気安く声をかけてみる。

「すいません、あの文字ってはがしちゃったんですか？」

　ギロリと俺を見るとすぐに

目を伏せてTさんは答える。

「あれね、いや、新しいヤツにしようと思ってはがしたんです」

「新しいっていうと？」

「新しいポスターが入ったんで張り替えようと思ってね」

共産党の新しいポスターが手に入ったので、ついでに文字もさしかえようってことらしい。次に書く文字はまだ決めていないとのことだ。

「じゃあオジサンは共産党員なんだ？」

「いや違う、心から応援してるんだよ」

「応援って？」

何を言ってるんだという表情でオレを見るTさん。

「アンタ、昔の張り紙見たんだろ？　ゴーゴーってちゃんと応援してるだろうが」

そういう応援なんだ。何か手伝うとかじゃなくて。

「あいつらはココらにいるヤツらのために炊き出しをしたりして、みんな世話になってる。

表の客。みなTさんをしたっているようだった

だから応援してるんだよ」

「なるほど。ところであの情熱の男って誰のことなんですか？」

「あれはな、オレなんだよ」

「えっ？」

「この店にくるヤツらに聞けばわかるけど、オレは情に熱い男なんだよ。だから書いたんだ」

わかりやすかった。この人の主張ははっきりしている。電波の範疇にくっちゃいけないな。

頭と首を切断

辺りに田んぼが広がる静かな道路沿いにポツンと、この世のものとは思えない家がある。外壁から囲いまでビッチリと文字だらけなのだ。

「300億円の紙くず」「1998年拓銀株紙くず」「無配の大株主」など、経済にまつわる主張が多いようだ。

黒い壁に、白と黄色の文字。タイガースカラーがこれほど不気味に見えるとは知らなかった。経済主張に混じって、ところどころに「頭と首を切断」の文字が踊ってるのも実にサイコだ。

中に入ってみると玄関付近がボロボロに壊されている。住んでないのか？

隣の家に話を聞いた。

「先月に引っ越して行かれましたよ」

なんと、タイミングが悪い！

「どんな人だったんですか?」

「悪い人じゃないですよ。もうおじいさんなんですけど、周りに迷惑をかけたりはしないですから」

この景観だけでも十分迷惑なような気もするが。

「よくわからないけど、奥さんが亡くなってからちょっと変になったみたい。本人には聞いてないからわか

らないんだけど」
「頭と首を切断なんて書いてますけど、本人がそういうことをしたってわけじゃないんですかね？」
「そんなことないわ。奥さんがいなくなって相当苦しかったんでしょうね」
おじいさんのことを悪く言う人は、近所にはいなかった。

この家がまたスゴイ。1階のシャッター部分に無数の紙が張ってあり、小さい文字でなにか書いてある。

〝金はもたらせても、世界や社会と人間関係は永遠にもたらすことはできない〟

雰囲気だけはまともそうで、でも意味がよくわからない文が続く。資本主義経済に対して疑問を呈しているように読めるが。

建物の横にまわってみると2階に矢印を向けて『ココに登る者を見ましたら110番をお願いします』なんて大きな看板がはってある。空き巣に悩んでいるのだろうか。

さらに玄関には1つだけ赤い文字で、物騒な文言がある。

〝某二人に告げる〟

続く文は、保育園の窓ガラスが割られた事件の際に本当の犯人は逃げきり、この家に脅迫をしているという内容だ。

『時には家の前に不審な男が立つ、上から見ると顔を隠し急ぎ去る』

こんなに張り紙を張ってたら誰だって立ち止まるし、上から人が見てたら逃げるだろう。

勇気を出してチャイムを鳴らすと、2階のベランダから老婆が顔を出した。

「どちらさまですか？」

「この張り紙を張った人に話を聞きたいのですが」

ココに
登る者を見ましたら
110番をお願いします

老婆はすぐに中に戻り、すぐに玄関から白髪まじりのおっさんが出てきた。

「どうしたの？」

「いや、その、これを張った方ですか？」

「そうだよ。キミは？」

やけにフランクなおっさんだ。

「この意味を知りたいんです」

「教えてあげるよ」

おっさんは一枚の紙を指し、語りだした。

「僕たちは誰でもＮＰＯを作れるんだけど、１人ずつがプロジェクトを立ててそれをみんなで共有して、代表者会議を開いて、リーダーを決めればいいんだよ」

「プロジェクトって？」

「公共事業やアフリカに食材を送ること。

二人組に付け狙われているらしい

某 二人に 告げる
保育園（旧建物）の窓ガラスを
突き穴を空けた、保育園は
犯人を見当違い言した、それを
幸いに犯人は暗躍を続ける、
当時、主方より引っ越ししたもの
怪電話を頻繁に受けてきた、
尾行も続ける、
最近、此の場所（家、土地）を売却
と怪電話を頻繁だ、
時には家の前に不審な男が立つ
上から見ると顔を隠し急ぎ去る、
再び殺人未遂の企て有、
かって侵入の際すぐ付き刃物を
落として去っている、
無法地帯ーと思うのか。

それを各NPOで話しあってリーダーが代表で送るんだ」

　ボランティア活動してるのか。立派な人じゃないか。

「なぜココに張ってるんですか？」

「これはやっぱりやらなきゃいけないコトだからね。本当はキミもやらなきゃ」

　オレもかよ。

　その後も、張り紙一枚につき10分ほどかけて、おっさんは熱く語った。

「競争社会はいいが、競争に勝つことだけが勝利ではない」

「地球の資源が枯渇しているいま、防衛の予算は必要ない」

　言ってることは正論だ。でもこのまま聞き続けたら明日になっちゃうぞ。

「あ、だいたいわかりました。あの『ココに登る〜』って看板はアナタが作ったんですか？」

「そうだよ。ちょこちょこ覗きにくるヤツがいるから」

「それはこの某二人ってのと同じ人なんですか？」

「オレはそう睨んでるね。窓ガラスを割ったのもヤツらだよ」

「でもなぜアナタの家が狙われるんでしょうね？」

「僕がこうやって書いてるから恐れてるんでしょう」

　わかりました。今後も頑張ってください。

奇声ハウス

どこの住宅街にも一軒はあるだろう。夜中に意味不明の絶叫が聞こえるお宅を訪問する

リポート◉藤塚卓実◉裏モノJAPAN編集部

近隣住人の迷惑行為を語るうえで、必ずやり玉に挙がるものの一つに〝奇声〟がある。常習的に発せられる怒鳴り声、意味不明な叫び、あるいは不快なノイズ。こんなものをしょっちゅう聞かされちゃたまったもんじゃないが、一方で好奇心をくすぐられるのも事実だったりする。近所迷惑もかえりみず、ナゼ彼らは奇声をあげ続けるのか？　いざ本人たちを直撃してみよう。

◉カラオケに私の曲じぇんじぇんないでしょ！

まず最初にやって来たのは、神奈川県某市の住宅街だ。古い民家の建ちならぶ細い路地

をてくてく歩くうち、目的のアパートが姿を現した。築30年は軽くいってそうなレトロ感バリバリの物件だ。

情報提供者はアパートに隣接する民家の住人で、彼によるとその一室からもれ聞こえる奇声は以下のようなものらしい。

×ほぼ毎日、深夜に怒鳴り声がする。
×場合によっては歌ってる風にも聞こえるが、とにかく何を言ってるかわからない。
×声と同時にドスンドスンと床を踏みならす音も。

なるほど、こりゃひどい。周辺住人が困ってるのも納得だ。

問題の部屋の前に立った。ドアには「がいきっちゃん（キチガイのことか？）」と書かれたポスターが貼ってあり、そばには謎の手形色紙が無造作に転がっている。何だか、とっても不穏なんですけど。

ややビビりつつノックすると、10センチほど

入口ドアの
「がいきっちゃん」ポスター

開いたドアの向こうで、ボサボサ髪の男が顔を覗かせた。歳は20代後半くらい。こちらを警戒してる様子だ。

「…なんでシュか?」

「私、近くの住人なんですけど、こちらの部屋からよく大きな声が聞こえてくるので、どうされたのかと思いまして」

いきなり男が吠えた。

「また文句か？　いい加減シロ、馬鹿ヤロ！」

口ぶりからして、しょっちゅう近所から苦情が入っているようだ。にしても、先ほどからどうも日本語がヘンだな。外国人か？

「韓国人だよ！　あなた文句いいに来たか!?」

「いや、そうじゃないんです。なんで大きな声を出してるのか知りたいだけで」

途端に男が笑顔になる。

「あ、そう。私、ヒップホップがシュキ（好き）で歌ってるの」

現在は韓国料理店で働いているものの、来日前は歌手志望だったとかで、いまも自分で作曲した曲を歌うのが趣味なのだと彼はいう。はあ、そうですか。

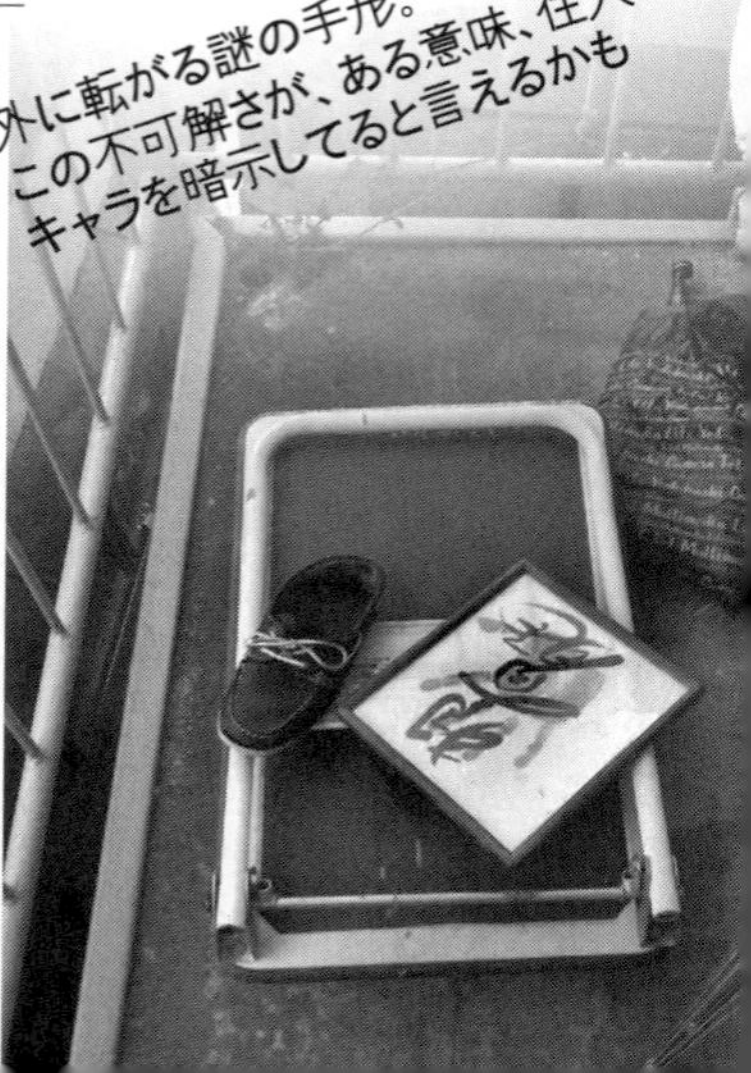

外に転がる謎の手形。
この不可解さが、ある意味、住人の
キャラを暗示してると言えるかも

とりあえず奇声の正体が、韓国語ヒップホップと判明し、少しホッとする。あんなポスター貼ってることだし、最初はてっきり本物のキチガイかと思ったが、どうやらまともに話のできる相手のようだ。

なので、気軽に尋ねてみる。

「カラオケは行かないんですか」

「行きません。なんで？」

奇声ハウス

「大きな声で歌いたいならカラオケの方が良いかなと思って。近所迷惑にもなりませんし」

間髪入れず、銃弾のようなツバのしぶきとともに罵声が飛んできた。

「だからおまえバカ!?　カラオケに私の曲じぇんじぇんないでしょ！　ほらどうです、文句いった、このウソちゅきぃぃ！　♀※×♪△♯〃♂!!」

最後に韓国語で悪態をついたところでドアがバタンと閉まり、なおも男は室内で何事かわめき散らしていた。キーンと、耳が痛くなるほどの声量だ。

やっぱり、マトモな人じゃありませんでした。

◉貼り紙をそのまま放置していることになる

続いての訪問地は、都内某駅から少し歩いた場所にあるボロアパートだ。ここへ来る前、情報提供者から聞いたのはこんな内容だ。

「僕がよく聞くのは『くっさー』っていう叫び声とか『おえー』っていうえづきとかですね。あと笑い声もすごいんです。1回はじまると20分くらいずっと笑いっぱなしなんですよ」

よくわからん話だ。何かトンでもなく臭いものを嗅いで七転八倒したあげく気分がハイに、てなことなんだろうか？

ぼんやり考えつつアパートの階段を上がろうとすると、集合ポストが目に留まった。おそらくその奇声主のポストであろう部分に張り紙が貼ってある。

「夜中に大声を出すのはやめて下さい。迷惑しています！」

ゾッとしたのは、張り紙の劣化と変色具合だ。つまり奇声の主は、相当前に貼られた紙を撤去せず、そのまま放置していることになる。怖いんだけど…。

緊張気味に部屋をノックしたところ、かなり間があって、ドアの向こうで男のかすかな声がした。

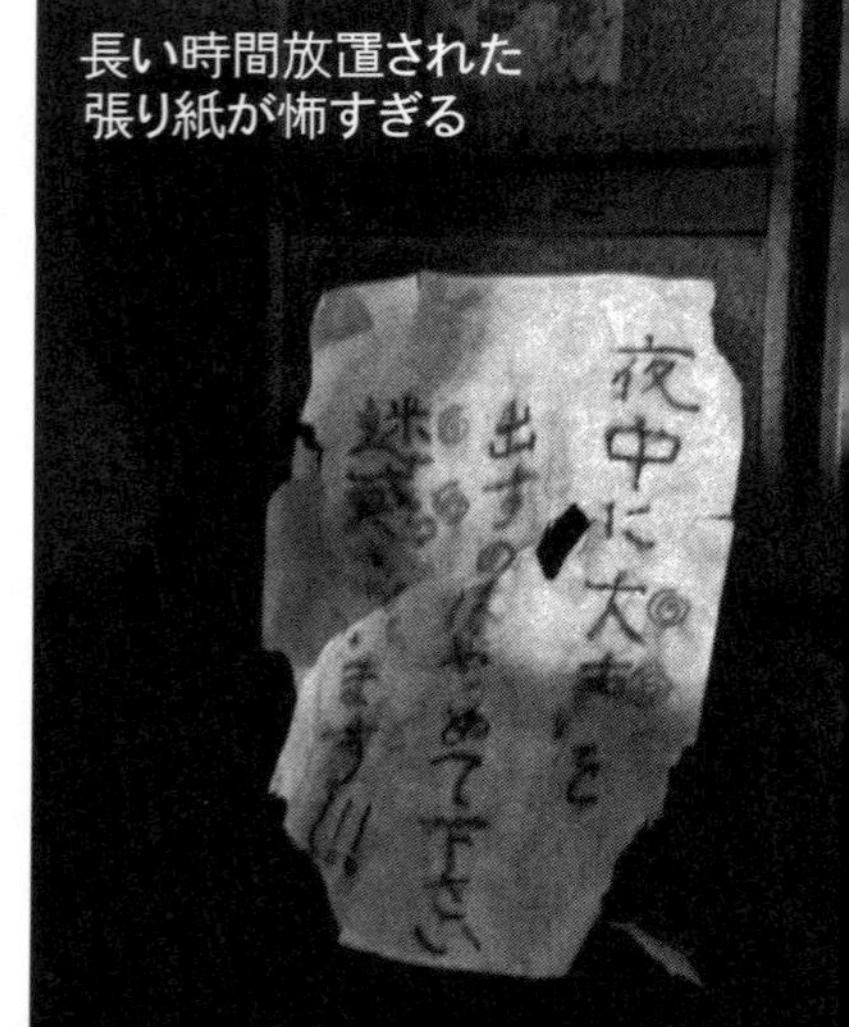

長い時間放置された
張り紙が怖すぎる

「…はい」

「あの、すいません。私、近くの住人なんですけど、こちらからよく大きな声が聞こえるので、どうしたのかと思いまして」

返事の代わりに甲高い笑い声が届いた。

「んふっ」

「あの〜、ドアを開けていただくことはできないでしょうか？」

「ひひひっ、フガガ！」

今度は鼻も鳴ったらしい。

「あの、すいません。ちょっとだけ出てきてもらえませんか」

「くくく、くくくくく〜」

どうしようどうしよう。これマジでヤバい人じゃん…。得体の知れぬ恐怖にぷるぷる震えていると、同じ階の住人らしき人物が階段を上がってきた。すがるように駆けよる。

「すいません、あの部屋の方のことなんですけど…」

奇声ハウス

部屋からは
薄気味の悪い
笑い声が

「ああ、〇〇さんでしょ。関わらない方がいいよ」

「どういう方なんですか？」

「いや、俺も不動産屋に聞いた話しか知らないんだけど…」

　彼の話はこうだ。以前までの奇声主はごく普通の勤め人だったのだが、鬱病が原因で仕事を辞めたあたりから様子がおかしくなり、以後、滅多に外出をしなくなった。

　生活保護などは受けておらず、時折、部屋を訪ねてくる両親が生活の面倒を見ているそうで、現在の年齢はおそらく40前後ではないかとのことだ。

　住人が笑って続ける。

「たまに俺も顔を見ることあるけど、普通に挨拶もするし、悪い人じゃないと思うね。でも1週間に3回くらいは発狂するんだよなぁ。昨日も朝方までワキが臭いだ、尻が臭いだ叫んでたし」

　帰り際、もう一度外から部屋の窓を見上げると、男の影がせわしなく動くのが見えた。

　ワキの臭いでも嗅いで動揺してるんだろうか。

◉もう私、あの奥さんが本当にかわいそうで

　都内のとある閑静な住宅街に、ファミリー層向けの白塗りアパートがある。その一室の

住人がなかなか騒がしい人物らしく、夜中に「ウォォォ」と雄叫びが聞こえたり、ガチャンとモノの割れる音が聞こえたりといったことがたびたび起きるそうな。

ファミリー用住宅、雄叫び、モノの割れる音。素直に考えると、単なる夫婦げんかのような気もするが、さてどうなんでしょうか。

目的の部屋のインターホンを鳴らすと、

「はい、どちら様？」

スピーカー越しに女性の声が届いた。奥さんのようだ。

「あの、何だかこちらの部屋で夜、よく大きな声が聞こえてくるんですがどうかしましたか？」

「ああ、すいません…。うちの主人です」

心底、恐縮している様子が手に取るようにわかる。

「ご主人はご在宅でしょうか」

「はい、お待ちください」

奇声ハウス

男はこの窓から顔を出し
「ションベンかけるぞ」と喚いたらしい

まもなくおっさんのガラガラ声がスピーカーに響いた。

「いやぁ、すいません。以後、気をつけますんで」

「なぜ大声を？」

「いや、ちょっとその、お酒が入ると私、えへへ。本当に申し訳ございません。じゃそういうわけで失礼します、はい」

そこで会話は一方的に途切れた。もう一度インターホンを鳴らしても応答はない。うぬ。このオッサン、腰は低いくせになかなか図太いキャラのようだ。

仕方なく近所の家を何軒か訪ねてみたところ、アパート真裏に住むオバサンが色々と教えてくれた。

「酒乱なんですよ、あの人。普段はヘラヘラしてるんだけど、アルコールが入るとめちゃくちゃなの。ずっと大声出して騒ぐんだから」

あまりの迷惑っぷりに、彼女も自分の夫を連れ、一度、抗議しに行ったことがあるらしい。

「奥さんがいい方で平謝りしてくるの。だからその時はおとなしく引き上げようとしたんだけど…」

苦々しい顔でオバサンが言う。

「帰り際、ダンナさんがいきなり窓から顔を出して『ションベンかけてやろうか！』って、そんな失礼なことを叫ぶのよ。呆れちゃうでしょ？　もう私、あの奥さんが本当にかわいそうで」
まったくだ。

奇声ハウス

◉「騒音？　知りませんけど」

続いてやって来たのは、埼玉県郊外の住宅街だ。その一角にかなり年季の入った戸建てがあり、騒々しい物音が聞こえてくると言う。早朝4時ごろ、家の住人がアルミ製の雨戸をガンガン叩き、「やかましい！」と金切り声を上げるらしいのだ。意味不明だ。自分が雨戸を叩くからやかましいんじゃないの？

さっそく奇声主の自宅を訪問すると、60過ぎのおとなしそうな男性がドアから顔を出した。表情に、ややうつろな印象がある。

「なんでしょう？」

「あの、お宅からよく騒音がすると聞いたので、どうされたのかと思いまして」

「騒音？　知りませんけど」

早朝、
隣家側の1階雨戸が
ガンガン鳴り響く

さらっと否定された。あるいは、騒いでいるのが彼自身ではなく、家族の誰かなのかもしれんが、それにしてもまったく知らんことはないだろうに。

「けっこう大きな音が出てるようなんですがご存じないんですか」

「ええ、わかりませんね」

ドアが閉まり、カチャっとカギのかかる音がした。うーむ、とりつくシマがない感じだ。

隣の民家の軒先で、オバサンが鉢植えに水をやっている。あの人に聞いてみよう。

「あの家からたびたび騒音がするって聞いたんですけど、何かご存じです?」

言うと、オバサンが申し訳なさそうに頷く。

「迷惑かけちゃってゴメンね。あの人、うちの犬に怒ってるのよ」

「犬?」

以前、先ほどの男性が、庭先で飼っている彼女の犬がうるさいと文句を言いに来たことが一度あるらしい。

「朝方にキャンキャン吠えるから黙らせろって。でもうちの犬って朝どころか滅多に吠えないのね。だから勘違いだと思って放っておいたのよ。そしたらああやって窓を叩くようになって」

つまり男性の完全な被害妄想だと彼女は言っているわけだ。

「でも、だったら男性の家族がやめさせるんじゃないですか?」

「あの人、あの家で1人暮らしなの。前は奥さんがいたんだけど、亡くなってね。それからちょっとおかしくなったみたいなのよね」

念のため、近隣の家々にも話を伺ってみたが、たしかに彼女の家から犬の鳴き声がするとの証言は得られなかった。

◉「オイオイ、来ねえならこっちから行くぞコゥラァ！」

破壊された玄関ドアと門扉。男の凶暴さがよくわかる

お次の奇声ハウスはなかなかハイテンションだ。「殺すぞコラ！」「てめー刺すぞ」「かかってこいや！」など、物騒なわめき声がほぼ毎晩、深夜から朝方にかけてえんえんと続くそうな。

目指す家は、都内の庶民的な住宅街の中でひと

窓ガラスもこの有様

きわ不気味な存在感を放っていた。パッと見は白塗りのシャレた一軒家なのに、家中のガラスが残らず割れており、ガムテープで修繕されているのだ。奇声主が破壊したのだろうか。迫力がハンパない。

しかし、どうにもインターホンを押す気になれないのは、それだけが理由じゃない。

「文句あんなら言ってみろぉやぁコゥラァ！」

「オイオイ、来ねえならこっちから行くぞ、コゥラァ！」

今まさに奇声がバンバン上がってるのだ。…うわ、えらい巻き舌ですよ。勇気を振りしぼりインターホンを押す。と、奇声がピタリとやんだ。そう思った次の瞬間、「やんのかコゥラァ!!」。

玄関トビラが吹っ飛びそうな勢いで開き、坊主頭でカミソリの目つき、黒のスエット上下に身を包んだ、簡潔にいえばヤクザにしか見えない男が転がり出てきた。のみならず、拳を握りしめ、ずんずんこちらへ近づいてくる。こりゃまずい。逃げろ！

しばらく後、ふたたび現場へ。すでに奇声ハウスは静まりかえっており、何の怒声も聞こえないが、またあの狂人を呼びだす勇気も気力も残されていない。そのまま素通りし、隣人宅を訪ねる。

「すいません、お隣のことでお話を伺いたいのですが」

切り出すや、応対してくれたおばさんが深いタメ息をこぼす。

「もう10年近くあんな状況なのよ。本当に困ったものよねぇ」

彼女いわく、男（40代前半）は若いころ暴走族をしており、そのころから覚せい剤に手を出していたという。精神に変調を来たし、幻聴や幻覚にさいなまれるようになったのもそのためらしい。

「何度か入院もしてるみたいだけど、いっこうに治らなくてね。それにあの子、暴力を振るうもんだから、とうとう両親もサジを投げてどこかに逃げちゃったのよ」

被害者は男の家族だけではない。このおばさんを含む周辺住人たちも、男に恫喝されたことは数限りなく、中には実際に暴行を受けた人まで複数いるのだとか。

挙げ句、家の前を通りかかった少女にヒワイな言葉を投げかけることもあり、とにかくここ最近は、月に数回パトカーがやってくる有様だという。ツワモノすぎだろ。

「本当に、ウチも引っ越せるなら引っ越したいわ」

そう言っておばさんは何度もタメ息を繰りかえした。

◉敵を威嚇してるんだよ

最後に訪れたのは、東京郊外にある古びたアパートだ。鉄筋部分と木造部分が混在する変わった造りの建物で、よくその一室の窓から大音量のお経や祭りのお囃子、そして言語不明瞭な叫び声が聞こえてくるとの話だ。

が、どうやらすでにソレは始まってるらしい。アパートの敷地に入る前から、陽気な祭り囃子が鳴っているのだ。

テンテテンテン、ぴーひゃらぴーひゃら、テンテテンテン——。

おそらく音源はCDか何かだろうが、日中からこんな調子とは、ハタ迷惑もいいところだ。

さらに玄関トビラの前には雑に破られた段ボール片が貼ってあり、「防犯カメラ作動中」の文字が。しかしカメラらしきものはどこにも見当たらない。

首をかしげつつ呼び鈴を押す。と、思わずのけぞりそうになった。阪神の野球帽にマスク姿の男が、急にドアを開けたのだ。

「あ、あの、少し伺いたいことがあってお邪魔したんですけど…」

「あ、そうですか。じゃちょっと待ってください」

いったん奥に消えた男が制汗スプレーのようなものを持って現れ、おれの体にかざした。

上半身から下半身へスプレーを走らせる動作は、まるで空港の金属チェックのようだ。スキャンの真似事か？

「あの、これは…？」

「うん、大丈夫みたいだ。よし、入ってもいいですよ」

よくわからんが、室内に招いてくれるらしい。気が進まんなあ。いやまあ、入るけどさ。

部屋はキッチンと8畳一間の造りで、モノが溢れてごちゃごちゃしている。男はキッチンで湯を沸かしながら口を開いた。

「何を聞きたいの？」

そう言われても聞きたいことがありすぎて迷ってしまう。とりあえず、このうるさい祭り囃子のことを尋ねるか。

「いま鳴ってるこれって、何のためなんですか」

「敵を威嚇してるんだよ。大きな音を出せば近寄りにくいでしょ」

「失礼ですが敵って何です？」

奇声ハウス

防犯 カメラ作動中

防犯カメラはどこにもない

奇声ハウス

気体兵器とは何のことだろう

「ちょっとやっかいなヤツらに目を付けられてたね。詳しいことは知らないほうがいいよ。君も巻き込まれちゃいやでしょ」

「はあ。ところで普段から家の中でも帽子やマスクを付けてるんですか？」

「寝るときもね。ほら、気体兵器は窓を閉めても入ってくるから用心しないと」

　この人、完全な電波系だ。ならばもはや、彼の行動の意味について尋ねても不毛なだけだろう。質問を変えるか。

「でも、これだけ大きな音を出してると、苦情が来ませんか？」

「たまにあるね。それは申し訳ないと思ってる。でも、こっちも自分の身を守らないといけないから事情をよく話して理解してもらってるよ」

　そんな事情を理解してくれる人なんて誰もいないと思うんだけど。

　お茶を一杯いただいた後、部屋を後にした。その際、出くわした住人に話を聞いてみる。

「ああ、あの人ね。けっこう前から色んな住人が管理会社に文句言ってるみたいだよ」

　にもかかわらず男が退居扱いにならないため、他の住人たちも不思議がっているという。

「あくまで噂だけど、あの人の親、かなり偉い人で、大家にがっぽり金払っているらしいよ。まあ、俺はあんまりあの人が嫌だとは思わないけどね。なんかやってることや言うことが笑えるし」

　気楽な人だな。深刻な問題がそのうち起こらなければいいのだが。

密着

パチンコ依存オバちゃんの破滅的な日々

1日7万突っ込んでもへっちゃら顔

リポート◉平林和史◉編集部

朝の出勤時などに、パチンコ屋の前に並ぶ一団を見たことがあるはずだ。仕事をしていないのか、揃いも揃ってどこか薄汚れた格好の連中を。

今に始まった話ではない。10年も20年も前から、ああいう人たちはいた。だからパチンコに関心のない人にとっては昔から変わらぬ光景に見えることだろう。

しかし実はいま、パチンコ界はヤバイ状況になっている。必ずや依存症患者を激増させ社会問題化すると確信できるほどの深刻さだ。

なるほどパチンコ人口は減っている。倒産する店も多い。全体の売り上げだって落ちている。しかしそれらデータは業界全体の低迷ぶりを示すだけで、パチンコにハマる各人個々の「ヤバさ」までは表していない。私は同じ愛好者として実感できる。現在のパチンコ状況が続けば、破産者を大量発生させるはずだ。

根拠は、2年ほど前から射幸心をあおりまくるギャンブル性の高い機種が登場したことにある。大勝ちできる代わりに大負けもする。だから大金を突っ込む、だからスッカラカンになる。

さらにパチンコ台のテレビCMが連日のようにお茶の間に流され、依存症たちの欲望を刺激する。最近、パチンコ代欲しさに…と報道される事件が不気味に増えている気がしないだろうか。

そこで気になるのはパチンコジャンキーたち、特に、いまや台の大半を占拠する層となった主婦の生活ぶりだ。一家を支えねばならぬはずの彼女らは、いったいどこから金を捻出し、どんな毎日を送っているのか。

◉勝ち負けではなく、打ち続けることが快感

1月下旬、平日の夜。私はJR新大久保駅前のパチンコ『S』で銀ダマを弾いていた。運良く5箱ほど積み、そろそろ閉店なので帰ろうかと思ったそのときだ。

私の隣に40代後半と思しき中年女性が座った。千円札を突っ込み、ハンドルを握る。当たらない。さらにもう1枚。当たらず。

私に言わせれば、閉店時間30分前に現金を投資するなんて愚の骨頂。もし大当たりしたところで時間切れで終わりじゃないか。

彼女のこの冷静さを失った行動は、パチンコ依存症の典型的症状と言える。もはや勝ち負けは問題じゃなく、ただ打ち続けることが快感なのだ。

早い時間は、惜しげもなく1万円ずつ突っ込むのが彼女流

まさに絵に描いたようなパチンコ主婦。私はさっさと換金を終え、彼女が店から出てきたところで声をかけた。

「どうでしたか？」

「出ないわよ。この店はもうダメ」

「あまり回らないですもんね」

「そうよ、渋いわね」

「で、あの、ちょっとお願いがあるんですけど…」

駅に向かいながら、取材を依頼する。パチンコ好き主婦、つまりあなたの日常にしばらく密着させてくれませんか？

「無理よ、そんなの。忙しいから」

こんな遅い時間まで打っておいて忙しいはないでしょうに。

「2万円、謝礼をお支払いしますので」

「あら、そうなの。でも顔写真はダメよ」

今日の負けが痛かったのか、万札2枚に彼女の心は動いた。拾える金は100円でも拾う。ギャンブラーとはそういうものだ。

「じゃあ明日、さっきの店に来てくれる。私、お昼ぐらいからいるから」

あの店はもうダメじゃなかったのか？

◉初日 ATMに3度向かうも当たりは1回だけ

翌日、正午。店に出向くと、すでにオバちゃんは台に座っていた。昨日と同じ『CR大海物語スペシャル』（通称＝海）。大連チャンも夢ではない人気機種だ。

表示を見れば、朝からの大当たり回数は0。回転数は300。全部1人で回したなら、2万近く突っ込んだことになるが。

「こんにちは。どうっすか調子は」

「これ、今日は出るわよ」

前日、前々日の大当たり回数が少なかったので今日は爆発するはずと、朝10時から座っているそうだ。昼から来ると言ってたくせに、よくわからん人だ。

隣が空いたので、私も並んで打つことにした。5

千円分弾いてもウンともスンとも言わない。隣も同じ。つまり彼女もプラス5千円突っ込んだことになる。

と、不意に彼女が叫んだ。

「ほら！」

画面を色とりどりの魚群が横切った。通常のリーチよりも大幅に当たりやすい予告合図のようなものだ。

オバちゃんが画面を食い入るように見つめる。来るか、来るか!?

来なかった。

ガン！

握り拳で台を叩くオバちゃん。気持ちはわかる。

「もう3万円入れたわよ」

つぶやくや彼女はハンカチを置いて台をキープし、店を出た。案の定、向かった先は銀行ＡＴＭだ。ですよね。このまま帰れませんよね。

「そりゃそうよ。４００回も回したんだから」

3万円を下ろして、再び同じ台へ。第2部スタートだ。

「この台、目がいいのよ」

自慢気にオバちゃんは言う。よくわからないが、海シリーズの優良台は画面の2カ所に同じ絵柄がよく登場するのだとか。

「昔、主人に見方を教えてもらってね。ぼーっと打ってるとわからないのよ」

　パチンカーの間では、根拠のまったくない必勝法は〝オカルト〟と呼ばれる。これなどまさにオカルトそのものだ。

　同じペースで打っては金がもたないと、私は通路に立って様子を眺め続けた。あちこちで大当たりの音が鳴り響くも、オバちゃんの台は静かなままだ。 

　2万円が溶けたところで、彼女は隣の台へと移動。するとわずか５００円ですぐに当たりが来た。偶数柄の当たりなので出玉は1箱のみ。換金すれば6千円ほどか。

　すでに5万突っ込んでるんだから6千円回収したところで意味はない。彼女は出た玉をそのまま打ち続ける。ちょっくら応援に行くか。

迷信だと思うんですが

「頑張ってください。爆発するかもしれませんね」

「どうかしら。ダメなんじゃない？」

謙遜のことばがもれたそのとき、先ほどまで彼女のいた席で、キュインキュインと大音量が鳴り響いた。数字の1が3つ並ぶ。若い男が大当たりを引いたのだ。

オバちゃんが男に話しかける。

「そりゃ出るよね。その台ね、5万も突っ込んだもん」

「……」

「たぶん20箱ぐらい出るから」

「……」

わかってるなら移動しなけりゃいいわけで、当然ながらこれは結果論を振りかざしているだけだ。

1箱分の玉を使い切ったオバちゃんは、また別の台に移動し、残りの9500円を投資。

本日2回目の魚群リーチを外したあたりからめっきりおとなしくなった。

日が沈んでからコンビニで1万円を下ろし、あちこちの台に2千円ずつ突っ込むも、まったく当たらず。最後の玉が虚しく台に吸い込まれたところで、彼女の気力は尽きた。

本日の収支マイナス7万円。

スゲー。

◉お金を儲けたときはパーっと使ったほうがいいの

夜、電車に乗って彼女のお宅へと向かった。7万円突っ込んで平気な顔をしてる主婦ってのは、どんなとこに住んでるんだろう。身なりはとても金持ちには見えないのだが。

着いた先はどこにでもある古びたアパートだった。

「入る?」

「え、ご家族の方は…」

「ああ、お父さんは病院に行ってるのよ」

ご主人は肝硬変のため入院中で、息子さんは一昨年社会人になって家を出たそうだ。つまり一人暮らしということだ。

中は広さ2DKのシンプルな間取りだったが、リビングは散らかり、トイレの便器は汚れ、風

ご自宅にて。パソコンは息子が置いていったもので、本人は使えない

呂の天井はカビだらけ。侘しい。実に侘しい。

それにしても不思議なのは、金の出所である。旦那さんが入院中なのに貯金を切り崩していいものだろうか。

聞くと、彼女は言いにくいことをさらりと言ってのけた。

「貯金っていうか、親せきから借りてるのよ」

なんでも親類に金持ちが多いので、「入院費が足りない」と言えば、10万20万単位の金をすんなり振り込んでくれるらしい。実際にはパチンコに消えているとも知らずに。

「だって入院費は保険でなんとかなるのよ」

昨日偶然出会っただけのオバちゃんがまさかこんな悪人だったとは。呆れつつも、依存症としてあまりの適任者ぶりに苦笑いしてしまう。

「ぜんぶで借金はいくらぐらいあるんですか？」

「3つの銀行から100万ずつでしょ。アコムとアイフルが50万ずつで、親せ

失礼ながら
冷蔵庫の中をパシャリ。
一人暮らしなら
こんなものでしょうか

きも合わせて1千万くらいかしら？　不思議と回っちゃうものよね。ウチは色々と応援してくれる人がいるから、昔からそんな感じなのね」

親せきだけかと思いきや、まさかそこまで！　破滅寸前の額じゃないか。

帰りに買ったコンビニ弁当を食べながら、彼女は身の上を語ってくれた。年齢は50才ちょうど。仕事はときどき友人のスナックを手伝う程度で、収入は月わずか数万円。パチンコを始めたのはおよそ15年も前だ。

「お父さん（＝ご主人）に連れて行ってもらってハマっちゃったの。3年ほど前までは2人で一緒に行っていたのよ」

当時、海産物の移動販売で生計を立てていた2人は、10年ほど一緒にパチンコに通い続けた。もちろん仕事の空き時間にだ。

しかし3年前からご主人が肝硬変で入退院を繰り返し仕事ができなくなると、貯金を切り崩し、徐々に銀行や親せきから金を借りるように。

つまり借金1千万は、ここ3年で膨らんだ額だ。生活費は月5万ほどしかかからないそうだから、ほとんどがパチンコに消えたことになる。むろん勝つときもあろうが、今日のように7万も突っ込む日があれば当然の数字だ。

「そうなのよ。それに私、勝ったときはお友達にお寿司おごったりするから。お金は使わないと入ってこないのよ。儲けたときは、パーっと派手に使ったほうがいいの」

◉2日目　遠隔操作だからそろそろ取らせるはず

「明日は行かない」と聞いていたので2日目は密着しなかったのだが、夜に電話をかけると、オバちゃんは疲れたような声で言った。

「5万いかれちゃったわよ」

昼間から9時まで粘って数回の当たりは引いたが、トータルで5万円負けたらしい。行かないと言ってたのになんでまた。

「近所の店の前を通ったら、ついついね」

ギャンブラーの「もうやめた」宣言ほど信じられないものはないが、彼女の言行不一致も相当にはなはだしい。

「とりあえず親戚にまた10万円借りたわ。明日は今日の店に行くから。下井草の駅前ね。もし来るなら電話ちょうだい」

◉3日目

昼3時、下井草の『X』に彼女は現れた。

「大丈夫よ、今日は勝つから」

自信の根拠はこうだ。

すべてのパチンコ屋はモニターで客の顔を見ながら、当たる当たらないを遠隔操作している。

ただ、常連客をあまり凹ませると店から離れてしまうので、ときどき大勝ちさせてくれる。ここ最近『X』では負けてばっかりなので、そろそろ店側は取らせる（勝たせる）はず——。

すごい理屈だ。百歩譲って遠隔操作うんぬん説が本当だとしても、ならば普段の負けも店に操られているわけで、トータルでは勝ち目がないことを認めてるようなもんだ。何のために打ってるのか。しかも先日の「調子のいい台はどうのこうの」説とも矛盾するし。いや、パチンコ依存患者に、矛盾だなんだとツッコむのはナンセンスかも。そもそも99％以上の客が負けるパチンコで遊ぶこと自体が大いなる矛盾なのだから。

彼女は店に入るなり、台を選びながら、これ見よがしに店内をうろちょろし始めた。天井の防犯カメラで店員に姿を確認させているのだ。あちこち動き回った末、ゆっくりと台

3日目は、3箱出すもすべて飲まれてしまう。どうやら出た玉は打ち尽くさねばおれない性格のようだ

に着席。1万円札を投入して、打ち始める。

リーチこそかかるが当たりは来ず、2時間ほどで軍資金の3万円は消えてなくなった。

彼女が私に手を出す。

「謝礼もらえる？　そろそろいいでしょ」

そう、持ち逃げを恐れてまだ渡していなかったのだ。

2万円を差し出すや、彼女は引ったくるように掴み、投入口に差し込んだ。

さらに打つこと1時間、1万5千円が消えたところで、ようやく見せ場がやってきた。

魚群リーチがかかったのだ。

思わず、画面を手のひらで隠す彼女。怖くてたまらないのだろう。もはや神頼みだ。

結果は吉と出た。見事に数字の3が並び、確率変動の大当たりを引いたのだ。

「やっぱり来ると思ったのよ」

しかし大当たりは3連チャンで終了。むろんそこで止めるわけはなく、以降はそのまま玉を飲まれ続けてドル箱は空に。さらに5千円を突っ込んだところで　再び当たるも単発に終わってまた飲まれてしまった。

本日の収支は、謝礼を含む5万円のマイナス。初日が7万、昨日が5万、そして今日も5万。身震いする額だ。

◉旦那が死んでしまえばすべてはチャラになる

帰り際、オバちゃんがとんでもない事実を明らかにした。耳を疑ったが、嘘をつく理由は見当たらないので信じる他なかろう。

発端はこの質問だった。

「でも、親せきの人はなんでそこまで優しいんですかね」

「どういうこと？」

「いくら親戚でも返すアテがない人に大金を貸すとは思えないんですよ」

意地悪だがどうにも気になる疑問だった。入院費用とはいえ、毎回10万単位という金額は、スナックバイト程度の主婦に貸すにはあまりに大きいと思うのだ。

「……うちのダンナね、末期の肝硬変なのよ」

「末期？」

「もう長くないのね。で、ダンナにね。保険かけてあるから。みんなにもね。それで払うからって。だからね」

ブツ切れに話すことばを聞き、血の気が引いた。彼女は旦那の生命保険をアテにして、パチンコを打っていたのだ。

1日7万円散財しようと、魚群リーチがハズレようと、遠隔操作でハメられようと、旦那が死んでしまえばすべてチャラになる。とどのつまりはそういうことだったのである。

★

その後4日間の収支は、電話による自己申告を記しておこう。

4日目　プラス 2万5千円
5日目　マイナス 4万円
6日目　マイナス 3万円
7日目　プラス 3万5千円

1週間の合計はマイナス18万円。派遣社員1カ月分の給料に相当する金額が、鉄の玉に形を変えて台に吸い込まれたことになる。

彼女は決して特別な存在ではない、と私は思う。お金に対する考え方、その場しのぎの思考法は、パチンコジャンキーの典型的な姿だ。

あなたの町のあの店でも、あきれ返るほどの数の〝彼女〟がハンドルを握っている。それがこの国の現実なのだ。

なぜ春になるとアレな人が町に増えるのか？

昔から不思議だった。なぜ暖かくなると、頭がアレな人が増えるのだろう。冬場はすっかりナリを潜めている人たちが、いきなり町に現れだすのはどうしてなのか。ま、理由は本人たちに聞くしかないな。

リポート●種市憲寛●裏モノＪＡＰＡＮ編集部

◉「冬は何もしない。寒いだろうが」

ある住宅街で、サンダル履きのオジサンが立ち尽くしていた。立ち尽くす、という表現しか浮かばないほど、本当に路上に立ち尽くしているのだ。身体の調子でも悪いのかしら。声をかけるため近づこうとしたその瞬間、オジサンが急に歩きだした。しかもものすごい早歩きで。と思ったら数メートルほどで再び路上に立ち止まり、虚空を見つめだす。あんなに機敏かつトリッキーな動きをする老人なんて見たことがない。どうかしてるとしか思えん。

「あの、大丈夫ですか？　どうかされました？」

「……なんでかなぁ…」

オジサンはそうつぶやくと、またさっきと同じように一点を見つめたまま止まってしまった。いよいよ本格的に怖くなってきたぞ。

「えーと…、何かわからないことでもおありですか？」

「何でもないよ」

俺の方を向いてハッキリと答えた。ビックリするな〜。ちゃんとしゃべれるじゃないか。オジサンが再びスタスタと歩きだした。ちょっとちょっと、待ってくださいよ。すぐに

冬は何もしない（キッパリ）

追いかけて、さらに質問を浴びせる。

「あの、ボク、この辺にお住まいの皆さんに、冬の間は何をされてたのか聞いて歩いてるんですよ。よかったら教えてもらえませんか」

「冬は何もしない。寒いだろうが」

またもやオレの顔を見てハッキリと答えてくれたオジさんは、今度は聞こえないほどの小声でブツブツつぶやきながら、スタスタと歩き去ってしまった。やっぱりああいう人でも、寒い時期は何もしないんだな。春になり暖かくなったから外に出てきたということでしょう。

◉「寒くても?」「ええ、ええ、ええ」

都心の某駅ビルの中で、ベンチに座ってお菓子を食べてる女性を発見した。

何か様子がおかしいと感じたのは、彼女が食べているお菓子に語りかけていたこと、そしてそのお菓子を両手で貪るように食べていたことだ。でも単にものすごくお腹が空いていただけで、かつ、話しかけたいほどお菓子愛が強い人なだけの可能性もある。怖いけど話しかけてみよう。

「こんにちはー。それ美味しそうですね」

「あ、ああ…、あの、これ、お弁当です」

またまた、お姉さん、もしやボケてくれてるのかな？　それはお弁当じゃなくてお菓子では？

「あ、あの、お菓子ですけど…。お昼食べてました」

「あ〜、それ、お昼ご飯ってこと…あれ？」

言い終わる前に、お姉さんがベンチから立ち上がって歩きだしてしまった。しかもブツブツ独り言しゃべってるし。怒らせちゃったかな。

「ソレ、なんていうお菓子ですか？」

「ブツブツ…（独り言）。あ、えーと、そこのコンビニで売ってたんです。フフ」

笑ってくれたけど、微妙に会話が噛み合ってないぞ。やっぱりオカしな子みたいだ。まあいいや。そろそろ本題に入ろう。

「あの、ちなみになんですけど、冬の間もこうやって外で食べたりします？」

「え、ええ、はい、食べます」

「寒くても？」

「ええ、ええ、ええ」

お姉さんは困ったような顔で頭をペコペコ下げ、またブツブツと独り言をつぶやきながら歩き去ってしまった。彼女の場合、春だから出てきたわけじゃないみたいです。

このお菓子が今日の昼食
だそうです

◉「冬場も酔拳やってるんですか?」「あっつ行け!」

　車通りの多い国道沿いの歩道で、変なオジサンを発見した。街路樹の脇の土の上に座り込んで、何やら奇声を発してる。なんでそんなとこに座ってるんだ?

「おじさん、大丈夫ですか?」

「だいようぶだいようぶ、ゲホッゲホッ!」

　オジサン、めちゃくちゃ声がでかいぞ。ちょっとろれつが回ってないようだけど、普通に会話はできそうだ。

「ホントに大丈夫ですか?」

「だいようぶだ〜あべろぶのあだ〜△●〜※?□…」

「え?」

「だろもであんで…」

　最初の「だいじょうぶ」、だけ聞き取れたけど、その後は何を言ってるのかまったくわからない。

「さっき、何か叫んでませんでした?　どうかしたんですか?」

「でるふぁも、だって△●〜※?□…」

なぜそんな場所で
くつろいでいるんだ

一応、俺が発言してるときは黙ってくれているので、耳は聞こえてるみたいだけど、彼の発する言葉はいくら頑張っても理解できない。

「すみません、よく聞き取れないんですけど」

「だかあ〜、すいけんだって！」

「え？」

酔拳？　いまハッキリと酔拳って言ったよね。

「オジサン、冬場も酔拳やってるんですか？」

「だかあ〜、あっつ行け！」

なんだかわからないけど怒りだしたし、退散しよう。なぜ春になって出てきたのか、理由わからず。

◉「季節は関係ありません。挨拶ですから」

隣街に移動してしばらく散策を続けていると、歩道をゆっくり歩きながら、通行人たちにランダムに微笑みかけて会釈する、白髪の老婆がいた。この人、静かにヤバそう。

しばらく距離を置いて観察してみたが、婆さんの身なりはそんなにオカシいようには見えないし、大声や奇声をあげてるわけでもないので、パッと見は違和感がない。

ただ、ゆっくりと歩いて、正面から通行人が来るたび立ち止まり、笑顔で会釈するのだ。

連続で人が通ると、その全員が通りすぎるまで会釈しつづけるので、なかなか前に進めない。

会釈された通行人は、一瞬驚いて婆さんの顔を見るが、知らない人だとわかると無視して歩き去っていく。

とりあえず話しかけてみよう。

「こんにちは」

「ああ…、こんにちは」

婆さんは同じように立ち止まり、ゆっくりと頭を下げて挨拶してくれた。

「先程からいろんな方に会釈されてましたけど、どうしてなんですか？」

「ああ…、挨拶ですから…」

「まったく知らない方にも挨拶してるんですか」

「ええ、ええ…」

「人が多い場所だと、なかなか前に進めませんね」

「挨拶ですから…」

会話は普通にできてる感じがするけど、同じことしか言ってないな。やっぱオカしい。

「あの、今日は暖かいですけど、冬場なんかもこうして挨拶されてるんですか？」

「季節は関係ありません。挨拶ですから」

こんにちは〜

この人も季節を問わず、外にいるようだ。

◉「冬は、フンフン〜寒い！　寒い！」

郊外の住宅街を歩いていたら、小さな公園から鼻歌のような声が聞こえてきた。声の主は金髪のお兄さんだ。

「フンフンフ〜ン、フンフ〜ン」

かなりハッキリとした口調で「フンフンフ〜ン」と発音してるけど、鼻歌ってことでいいのかな。それにしても、だいぶ危険なオーラを出してますよ。

「こんにちはー。いまの歌はなんて曲なんですか？」

「え！　知らない！　知らない！」

「え？」

「フンフンフ〜ン、フンフ〜ン」

かなり怖いけど、もうちょい頑張ってみよう。

「えーと、知らない曲なんですか？　お兄さんが作った曲ですか？」

「そう！　考えた！　フンフ〜ン」

「あの、いつもここで歌の練習してるんですか？」

指揮つきで鼻歌を
高らかに歌い上げてます

「練習じゃない！　練習じゃない！　…フンフ～ン…」

練習じゃないのか。じゃ、何かの本番ってことなのかな…。

「あの、冬もここで歌ってるんですか？」

「フンフーン、冬？」

「ええ、寒い時期もここで歌ってるのかな～と…」

「冬は、フンフン～　寒い！　寒い！　フンフンフ～ン」

「あの…」

うん、確かに冬は寒いですからね。つまり、やっぱり暖かくなって活動を始めたってことですかね。

◉「冬はしない！　アタマ寒いから！」

住宅街を歩いていたら、突然かぶっていた帽子を空中高く放り投げ、地面に落ちた帽子をまたかぶる、という謎行動を繰り返すオジサンをみつけた。何のマネだろう。かなりヤバそうだぞ。

「すみませーん」

「ああ!?」

うわー、なんでいきなり怒ってるんだ？　歯もボロボロだし。

「あの、いま帽子投げてましたよね？」

「ああ～！　み、み、み、見てました？」

「はい、見てました」

「あれね、よくやるんですよ～」

いきなり顔がしわくちゃになるほど、ものすごく良い笑顔になった。こりゃ疲れるな。

「ああ…、そうなんですね。なんでまた」

「良かった？」

「え？」

「良かったかって聞いてる！」

なんなんだ、またいきなり怖い顔になったぞ。情緒不安定すぎるだろ。良かった？って、何のことだ。ひょっとして、帽子を放り投げるフォームのこと？

「すごい、良かったですよ」

「ああ、そう！　ははは～」

また笑顔だ。ほんとわけがわからん。

「あの…、いつもああやって帽子を投げてるんですか？」

「ああ！　これで運動してるの」

ぼうし
良かった？
ハハハ～

「なるほど、運動のために」

「そう！　良かった？」

「は、はい。すごい良かったです」

「ははは、そう！　良かった！」

「あの、ところで、冬とか寒い時期にも、こうやって外で帽子投げたりするんですか？」

「いや！　冬はしない！」

「なんでまた」

「ああ？　アタマ寒いから！」

「ああ、なるほど…。じゃ、お家の中で帽子は投げないんですか」

「それはしない！　あはは！　よかった？」

「は、はい。良かったです」

「ああ、そう。ハハハ。じゃ」

　なんなんだよ！　オジサンは満足したのか笑顔で手を上げ、去っていった。春は暖かくて頭も寒くないので外に出るんだな。

◉「冬場もこんな感じですか？」「ブツブツ…」

横断歩道の脇でまっすぐ前を向き、ブツブツ独り言を言いながら信号待ちしている男性を発見した。

「あの、すみません」

「ブツブツ（独り言）………」

「あの、お兄さん、すみません！」

「ブツブツ……」

かなり大きな声で呼びかけたが、完全な無視だ。耳が悪いのかな。

彼の視界に入る位置に移動し、もう一度手を振りながら呼びかけたが、やはりガン無視して独り言をつぶやいてる。完全に自分だけの世界って感じだ。あきらめよう。

お兄さんの元を離れ数メートルほど歩いたところで、今度は背後から突然、奇声が轟いた。

「〜△●…〜？※□だろ〜〜!!」

なんだ？　さっきの独り言お兄さんが叫んだのか？　オレに言ったの？

周囲の通行人たちもビックリして、一斉にお兄さんの方を見ているが、彼はまったく意に介さないといった感じで前を見ている。怖すぎだろ。

再び急いでお兄さんの元に走り寄って、話しかけてみた。

「お兄さん、ビックリしましたよ。どうしたんですか？　何か叫んでましたよね。ボクに言ったんですか？」

「ブツブツ…」

「あの、冬場もこんな感じですか？」

「ブツブツ…」

お兄さんはブツブツ言いながら、近くのコンビニに入っていった。だめだこりゃ。

結論。大半は寒いから家にいるようです。

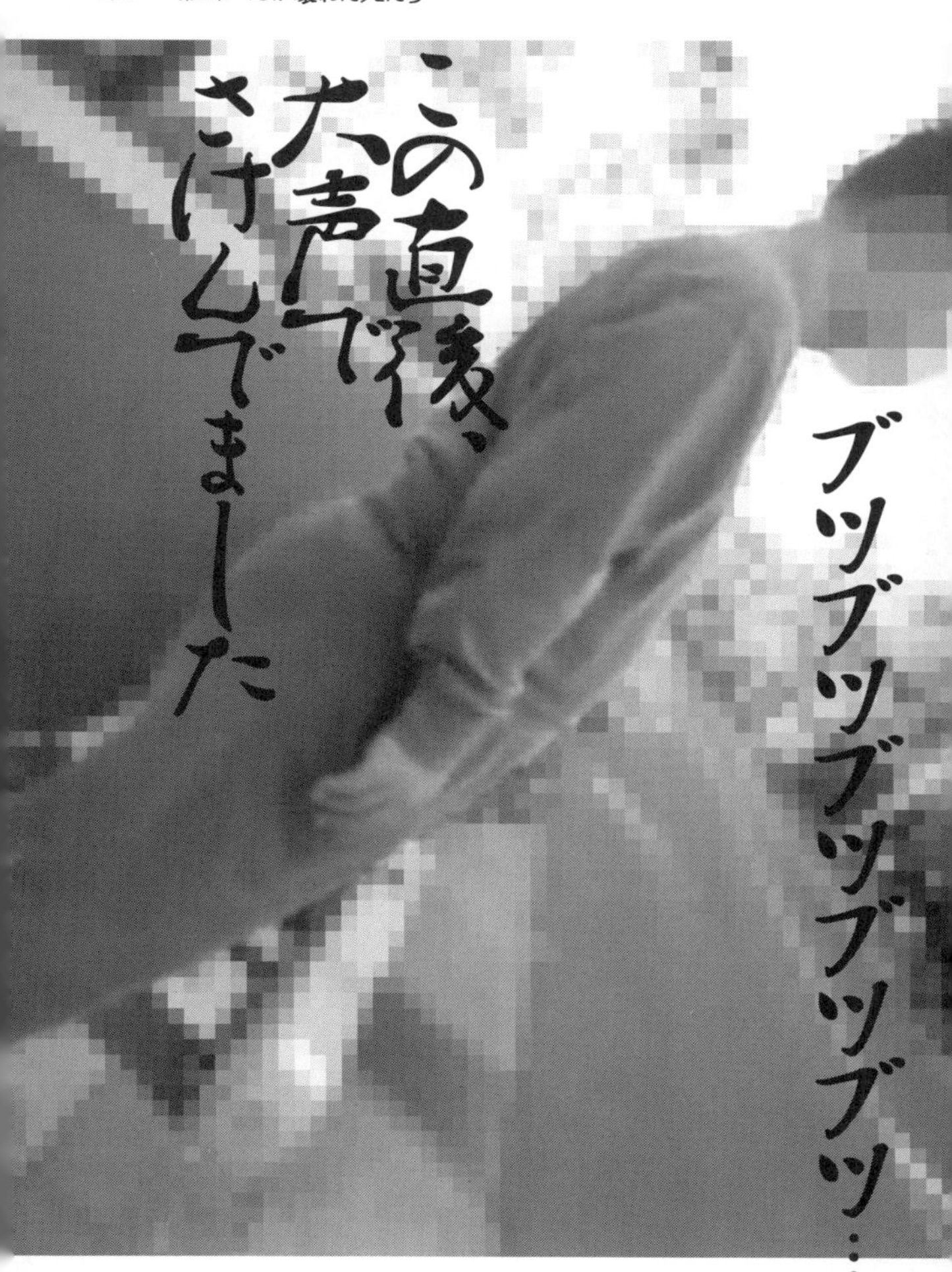
ブッブッブッブッブッ……
この直後、
大声で
さけんでました

29匹を毒殺したは誰だ？

リポート◉藤塚卓実◉裏モノJAPAN編集部

2014年、東京大田区のとある街で気味の悪い事件が起きた。全国ニュースにもなったので、ご存じの方もいるだろう。

4月から8月中旬にかけて、計29匹の猫が相次いで不審死したのである。

報道によると、伝染病の疑いはなく、しかも死体の発見現場のひとつから、エチレングリコール（不凍液の主原料に使われる有害物質）入りのキャットフ

イメージ写真です

東京大田区で猫殺しの犯人

ードも見つかったことから、何者かが毒殺した可能性が極めて高いという。

もし犯人が加虐趣味を持った人間だとしたら。そう考えると背筋がゾクッとする。

あの酒鬼薔薇や、最近、佐世保で同級生を惨殺した女子高生もそうだったように、動物殺しから猟奇殺人にエスカレートする事例は決して珍しくないのだ。

もっとも、今回の場合、犯人は毒エサをま

いただけで、猫の体をバラバラに切り刻んだりしたワケではない。ということは快楽的な殺害ではなく、駆除が目的だった可能性もあるが、それにしたって29匹も殺すなんて…。

いずれにせよ、イカれた人間であるのは間違いなさそうだ。犯人はいったいどんな人物なのだろう。

◉「もともと治安があまり良くないんですよ」

9月初頭、昼。京急「梅屋敷駅」から徒歩で現場へ向う。

猫の死体が発見されたのは、駅からほど近い、大田区大森西6丁目から同区蒲田2丁目にまたがる半径400メートルのエリアだ。まずはその中心に位置する商店街を歩いてみるとしよう。

行き交う人々の顔を見るかぎり、事件の影響は感じられない。大声で笑い合う女子高生の集団なんか、平穏そのものといった感じだ。

しかし、脇道から住宅街に入ってすぐ、電柱にこんな看板が。

【この付近で最近、連続で猫が不審死しています。不審者を見かけた方はすぐに110番通報をお願いします】

そのまま歩を進めるうち、大きな公園にたどり着いた。どうも見覚えがあると思ったら、猫の死体発見現場としてニュースに流れたT公園だ。

物騒な事件があったにもかかわらず、園内には小さな子供連れの親がぱらぱら目につき、平然と砂場で遊ばせている。

ちょうどこちらへ若いパパさんが近づいてきた。聞いてみよう。

「こんにちは。あの、最近この公園やその周辺で猫が不審死しているってご存じですか？」

「何かそうらしいですね。ニュース見てびっくりしました。すぐ近所に住んでるんですけど」

この様子じゃ犯人の手かがりは得られそうにない。が、ついでだし聞いておくか。

「あの、この辺で不審者を見かけたとか、変な噂を耳にしたとか、何か事件についてご存じなことがあれば教えていただけませんか」

「ゴメンなさい。まったく知らないです」

「いえ、こちらこそどうもありがとうございます」

平穏な商店街に事件の影響は感じられない

礼を言って立ち去りかけた時、パパさんに呼び止められた。

「あのう、参考になるかわかりませんが、この公園の周辺って、もともと治安があまり良くないんですよ」

夕方から夜中にかけて、ホームレスや不良中学生が現れて、公園をたまり場にしているというのが理由らしい。そのため、この辺りの親御さんの多くが子供に防犯ブザーを持たせてるいるそうだ。

◎あの事件で清々した人は多いと思うよ

該当エリアをてくてく歩き、住人を見かけては尋ね回った。

「猫殺しの件で調べてるんですが、不審者の目撃情報や誰それが怪しいといった噂をご存じないでしょうか？」

しかし、返ってきた答えはどれもうんざりするほど同じだった。

「いや、そういったことはちょっとわからないです」

中にはおれから聞いて初めて事件を知ったという人もいるくらいで、実に心細い。

ただ、住宅街を歩くうち一つ気づいたことがある。トゲ付きのシートやペットボトルなど、猫よけ用グッズが異常なほど目につくのだ。どこの町でもそういった民家はときどき見かけるが、そんなレベルではない。明らかに多すぎる。

おまけに、行政や個人の張り

紙もちらほらと見かける。

【家の前に猫のエサを置かないでください】

【猫の糞尿で困っています】

【飼い主のいない子猫を増やさないために不妊・去勢手術を実行しましょう。大田区】

この地域、よほど猫の被害が多発しているようだ。

実際、それを裏付けるような話も聞いた。軒先で植木に水をやっていた中年男性が言う。

「もうさ、車のボンネットを引っ掻くわ、玄関に糞尿をまき散らすわでホントに迷惑してたのよ。ここらの家はたいていそうだし。だからあの事件で清々した人は多いと思うよ。さすがに殺しちゃうのは良くないことだけど、俺だって犯人の気持ちわかるもん」

どうやらこの方、猫被害に手を焼いていた住人の誰かが犯人だと思い込んでいるらしい

死体が発見されたT公園

猫よけグッズが至るところに

が、状況を知るにつけ、おれもそれが正解なような気がしてきた。

◎「ご主人さんたちも、ちょっと無責任というかね…」

とはいえ、猫被害に腹を立てている住人が怪しいとなると、犯人との距離は縮まるどころかむしろ遠のいたことになる。なんたって該当しそうな住民は、腐るほどいるのだ。

途方に暮れていた折、小さな商店の前を通りかかった。何の気なしに視線をやった店の壁には、動物愛護を訴えるポスターが。猫殺しの町に動物愛護の文言。なんだか皮肉だ。よし、入ってみよう。

店の中では店主らしきオバサンがヒマそ

うに店番をしていた。

「あの、すいません。先日の猫殺しのことで調べてるんですが、ちょっとお話いいでしょうか？」

「…何ですか、あなた」

「出版社の者です。なにか事件についてご存じないでしょうか？」

「いや、まあ、知らないこともないんだけど…」

　さも渋々といった様子で彼女が口を開く。語られた内容は以下の通りだ。

　事件が起きるかなり以前から、ある動物愛護団体（彼女も関係者）が、少しでも猫被害をなくそうと、自腹で地域のノラ猫に去勢手術を受けさせていた。同時に里親募集などで個数自体を減らす努力もしていたらしい。

事件以前、飲み屋エリアには多数の猫が…

ところが、この町にはもともとノラ猫の他に外飼いの猫もたくさんいた。さすがに愛護団体もそうした猫を去勢するわけにいかず、手をこまねいていると、猫の数はますます増加することに。

例の事件が起きたのはそんな時期で、せっかく手術を受けた猫までもが多数犠牲になったのが悔しくてならないという。

「罪のない猫ちゃんを殺した人はもちろん憎いけど、飼い猫に何の処置もせず放置していたご主人さんたちも、ちょっと無責任というかね…」

彼女はそこで口をつぐんだ。犯人を毒殺に駆り立てたのはそういった無責任な猫の飼い主たち、という考えなのだろうか。

何となく背景の一端は見えてきたけど、犯人につながる手がかりはいまだ掴めない。

◉あそこの親父ならやりかねない

気がつけば、辺りはすっかり暗くなっていた。腕時計の針は午後7時を回り、民家の窓から漏れる明かりや街灯の光りが藍色の視界に点々と浮かんでいる。

住宅街と商店街の間に挟まれるようにして、複数の居酒屋やスナックの建ち並ぶ一角があった。一杯飲もうと、その中の一軒へ。

カウンターで、さり気なく猫殺しの件を口にしてみた。

「このあたり、猫が殺されたんですよね？」

そこで思わぬ反応が。オッサン客の何人かが顔を真っ赤にして、犯人への怒りをぶちまけだしたのだ。

「ホントひどいことするよね。ったく、なんで殺す必要があるんだよ。頭おかしいだろ！」

「イカれてるに決まってるじゃん。話聞いたとき、俺もショックで寝込みそうになったわ。はやく捕まりゃいいのに！」

彼らは全員、近所の住人だそうだが、ここまでハッキリ猫を擁護する人たちは初めてだ。なぜなのか尋ねると、オッサンの1人がケロリと答える。

「だって、俺ら猫にエサをあげてたんだも

ん。半分飼ってたようなもんだよ」

一度、店で食い残したつまみを与えてからというもの、それを目当てに大勢の猫が店やその周辺にうじゃうじゃ集まるようになったという。

「でも、今は1匹残らず死んじゃったけどね」

そう言って肩を落とすオッサンにおれは問うた。

「となると、皆さんがこの店で餌づけしてたことを快く思ってない人もきっといますよね。誰か心当たりありませんか。猫に毒エサをまくような」

「いるね。この店の近くに●●屋があるでしょ。あそこの親父ならやりかねないな」

ついに最初の容疑者が浮上した。で、その根拠は？

「いつも俺を睨んでくるの。相当な猫嫌いらしいから、エサやってるのがムカついてしょうがないんじゃない？　絶対あいつだよ」

絶対という言葉が虚しくなるほどに根拠がない。だが、その親父さんに突撃してみる価値はある。

◉大量猫殺しは50年前にもあった

すぐさま●●屋に急行すると、運良く親父さんらしき人物が応対してくれた。飲み屋のオッサン連中のことはいっさい伏せたうえで用件を告げる。猫殺しの件で話を伺いたい、ここらは特に猫被害がひどかったと耳にしたが、犯人に心当たりはないか。

この質問に親父さんがどう反応を示すか、注意深くその表情を観察した。

「以前は本当にひどかったよ。近くに飲み屋があるでしょ？　そこの客がむやみにエサを与えるもんだから、猫がたくさん集まっちゃって。あの人たち、猫を可愛がるのはいいけど、ツケがこっちに回ってくるのがわかってないんだ。でも事件の後はぱったり猫がいなくなってホッとしたよ」

「誰が猫を殺したんでしょうね」

「それはわからないなぁ。猫の件で腹を立ててる人は近所にたくさんいるから。僕も含めてね」

終始、笑みを絶やさぬエビス顔に怪しい点は伺えない。

ふと親父さんが思いだしたように口を開いた。

「そういえば、何年か前にそこのT公園で事件があったの知らない？」

T公園はおれがこの町に来て、最初に訪れた場所だ。

「あそこのベンチで生まれたての赤ちゃんが捨てられてたんだよ。その犯人の夫婦ってのがキチガイで、それまで赤ちゃんを生むたびに同じことをしてたわけ」

そのニュースなら何となく覚えている。たしか赤ちゃんは無事に保護され、捨てた夫婦は逮捕されたはずだ。そうか、あの事件の現場もT公園だったのか。

「そうそう。だから僕が言うのも何なんだけど、この辺って頭のおかしな人が本当に多いの。わざわざあの公園の砂場で首をつったバカも昔いたし。子供が死体を見たらどうするんだって話よ」

●●屋を出て、しばし道端でぼんやりしていたところ、見知らぬ老婆がこちらへ歩いてくるのが見えた。ご近所さんだろうか。

「すいませーん」

手短に猫殺しの件で取材中であることを伝えてからさり気なく探りを入れる。

「この辺の住人の方はみんな猫が嫌いと伺ったんですが」

「そりゃそうですよ。そこの飲み屋のお

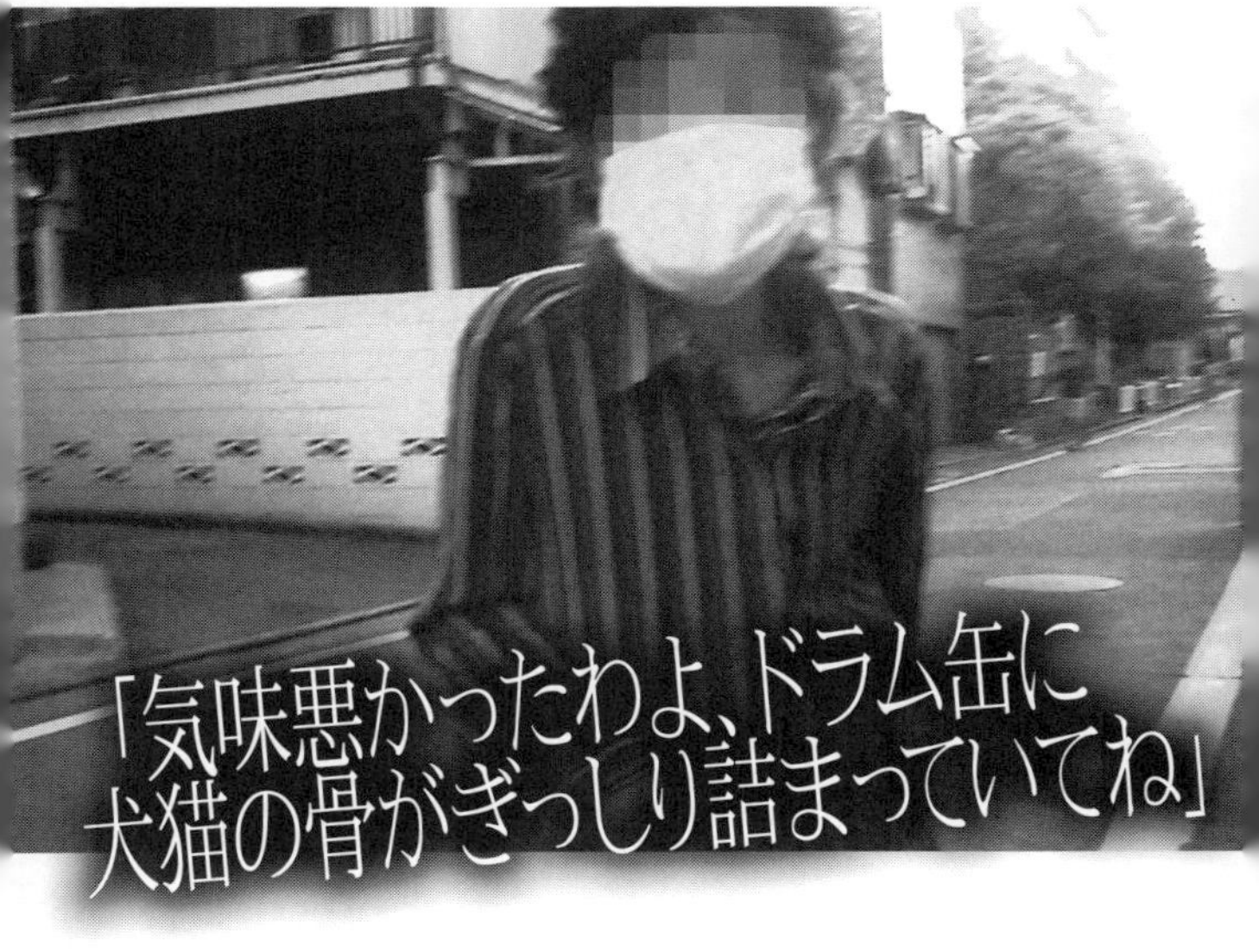

「気味悪かったわよ、ドラム缶に犬猫の骨がぎっしり詰まっていてね」

客さんたちがエサをあげちゃうから。あんなに猫だらけになっちゃ嫌いにもなります」

「はあ」

「そういえば私、猫をたくさん殺してた人、知ってますよ」

「え！　ホントですか？」

「そこらの猫や野良犬を捕まえてきては庭で叩き殺して、ドラム缶で死体を焼いてたんですよ。そのうちドラム缶が骨で一杯になっちゃって、みんな気味悪がってたもんです。もう50年も前の話ですけど」

50年も昔の話を、因縁めかして現在の事件と結びつけるのは無理がある。そういう土地柄なのだ、と言い切るのも偏見にすぎない。

老婆の証言は、過去にただそういう事件があったということだけだ。

◉「誰が一番怪しいかっていったらこの家よ」

一度、ここまでに知り得た情報を整理したい。

事件の起きた地域は、飼い猫の放置などが原因で、以前から猫被害が多発していた。したがって猫に手を焼いていた住民すべてに殺害、とまでは言わずとも、駆除したい動機はあったと思われる。

その線で考えると、飲み屋エリア周辺の住民はさらに強い動機を持つことになる。飲み屋客がエサを与えることで猫が集結し、より大きな被害が出ているからだ。またそれが原因で、飲み屋客と周辺住民が互いに悪感情を抱いてるフシも伺える——。

以上から、犯人は飲み屋エリア周辺の住民である可能性が高いと言えまいか。猫を殺すことで平安を取り戻せるばかりか、天敵の飲み屋客にダメージをも与えられるのだから。

その条件で絞り込むと、対象となる民家は数えるほどしかない。

翌日昼。ふたたび現場に舞いもどった俺は、狙いの民家を1軒1軒、訪ね歩いた。

が、取材は難航する。タイミングが悪かったのか、ほとんどの家が留守で、さらに応対してくれたわずかな人たちからもピンとくる感触がまったく得られないのだ。

ま、考えてみればそれも当然の話である。仮に犯人がいたとしても、おれにむざむざヒントを与えるようなバカはいない。そしておれには相手がトボケた場合、それを見破る術はないわけで。

そんな矢先のことだ。飲み屋エリア裏手の路地で、妙な中年女性を発見した。アパートの柵の隙間に顔を突っ込み、チ、チ、チと舌を鳴らしているのだ。どうやらアパートの敷地に隠れている猫に、呼びかけているらしい。

「こんにちは。出版社の者なんですが、先日の猫殺しについてちょっとお話いいですか？」

声をかけると女性は慌てたようにおれの袖を引っ張った。

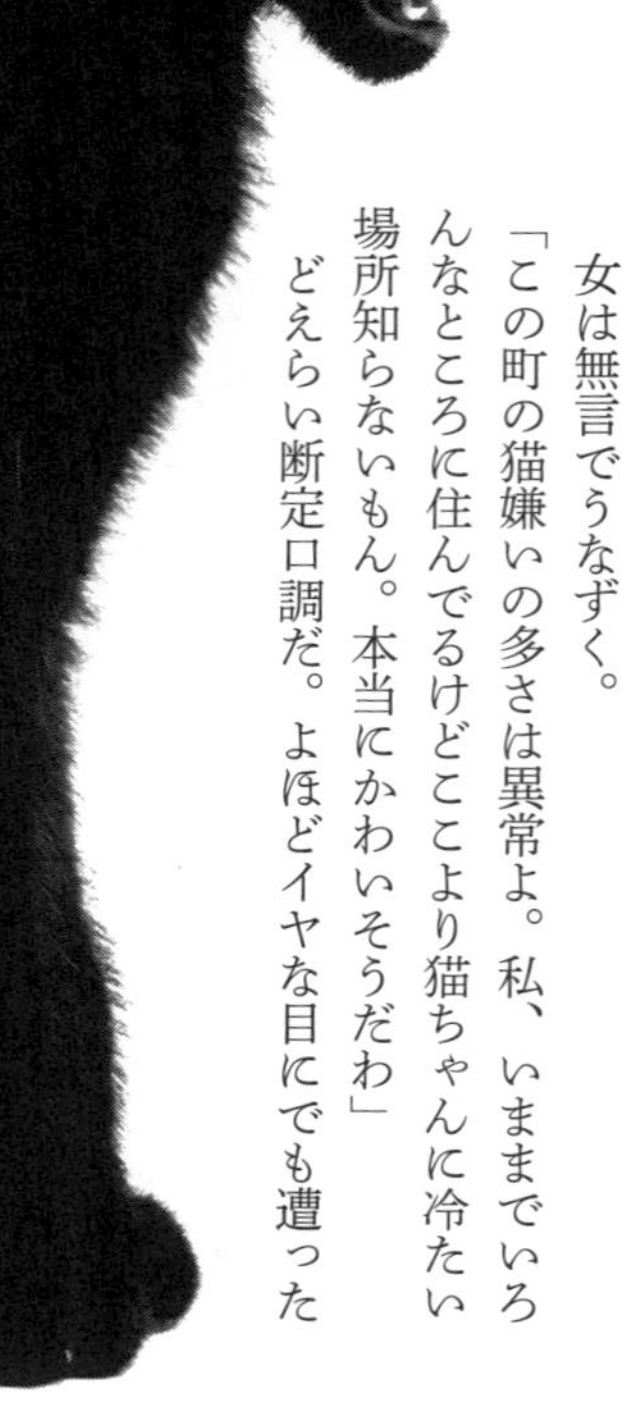

「ちょっと、あなた大きな声出さないで。え、なに？ 猫ちゃんが死んだ事件を調べてるの？」

「ええ、何かご存じでしょうか」

女は無言でうなずく。

「この町の猫嫌いの多さは異常よ。私、いままでいろんなところに住んでるけどここより猫ちゃんに冷たい場所知らないもん。本当にかわいそうだわ」

どえらい断定口調だ。よほどイヤな目にでも遭ったのか。

「犯人に思える人とかいます？」

「し、声大きい。誰が一番怪しいかっていったらこの家よ」

彼女が指さしたのは、我々の目の前の民家だった。そしてそこはおれが独断で目星をつけた〝犯人の可能性大エリア〟の中でもある。

「あの、どうして怪しいと思うんですか？」

「だって私、何度も怒鳴られてるんだもん。『バカ野郎！　猫にエサやるんじゃねえ！』

現在もぽつぽつとだが
猫の姿が見られる

ってスゴイ剣幕で。あんな野蛮な人以外に毒エサまく人はいないわよ」

　一方的な思い込みだ。根拠にはなっていない。

　しかし訪ねる意味はある。深呼吸をして呼び鈴を鳴らすと、トビラから職人風の50代男性が顔を出した。

「はいはい、どちらさん？」

「あの、私、出版社の者なんですが、ちょっとお伺いしたいことがございまして」

「そう、どうしたの？」

「実は先日の猫殺しの件で…」

　猫殺しと言ったとたん、それまで飄々としていた彼の顔色は強ばり、こちらを遮るように言葉を返してきた。

「あ、ゴメンね。今ちょっと忙しいんだわ」

「え、あいや、ちょっとだけでもダメですか？　1分でも」

「あの事件のことでしょ。この辺の人は別に何とも思ってないから。うん、じゃ失礼するね」

　そう言って彼は一方的にトビラを閉め、家の中へ消えてしまった。


猫殺しの犯人を追いきることはできなかった。警察も動物愛護法違反の疑いで行方を追っているようだが、2014年9月15日現在、逮捕の一報はいまだ聞かない。

第3章

あなたの精神は大丈夫か?

人は皆、病名のない病気なのかもしれない

リポート◉藤塚卓実◉裏モノJAPAN編集部

日常生活を送るなかで、ふと、こんな疑念を抱いたことはないだろうか。

もしかして俺って心が病んでる？　病気では？

病名があるほどの、ちゃんとしたものではない。わざわざ病院に行くほどのものとも思えない。でもやっぱり自分はどこかおかしいのでは、と不安になってしまう経験のことだ。

おれはある。ヒゲを抜くクセが止められないことや、脈絡もなく暴力衝動に駆られるときなどは、いつも何かの病気を疑ってしまう。大丈夫かおれ、と。

おそらく皆さんも似たようなものだろうと想像する。ひとりひとりの個性にこれだけ多様性がある現代社会において、〝フツウ〟からある程度はみ出してしまうのは、むしろ当然とも思えるわけで。

そう。人はみな、名前のない病気を持っているのでは？

その1
午後の紅茶を朝に飲めない
34才・会社員

自分が変だなって思うときですか？　全然ありますね。

名前の中に「時間」を含んでいる食品ってわかります？

いきなり言われてもピンとこないかな？

たとえば「一平ちゃん　夜店の焼きそば」とか「午後の紅茶」、あと「ワンダモーニングショット」みたいな商品のことなんですけど、ぜんぶ名前のなかに夜、午後、モーニングって時間が入ってるでしょ?

僕、そういうのを妙に意識しちゃうところがあって、一平ちゃんだったら昼間に食う気がしないんですよ。だって夜店の焼きそばってメーカーが言ってるんだから。午後の紅茶も朝は飲みません。午後にならないとダメなんです。

もちろん、商品名の「時間」と実際の時間がズレていても、その気になれば食べられますよ。でもなんか気持ち悪くて。あれ、何なんでしょうね。やり方が間違ってると気づいていながら、無理やりその作業を続ける気持ち悪さっていうのかな。まあ、勝手にこっちが間違いだと思い込んでるだけなんでしょうけど。

とにかく、他のことには無頓着な性格なのに、そこだけやたら神経質になっちゃうんですよね。だからいまは名前に時間の入った食品は最初から手を出さないようにしてます。むちゃくちゃ面倒くさいんで。**▼冗談みたいな話ですが、当の本人はいたってマジメに語っておりました。一平ちゃんを昼メシとして食えないなんて絶対に人生損してるよなあ。**

テレビの音量にこだわってるときに、ちょっと病気かなって思うのはありますね。仕事から帰宅してリビングに行くと、だいたい嫁がテレビ観てるから、まずリモコンで音量をチェックするんです。そこで16とか18なんかだったらそれでいいんだけど、15とか17とか奇数になってたりするとすぐ1コ下げるか上げるかすると。要するに、音量が偶数じゃないとイヤなんです。

だって、テレビって左右の耳で聴くわけじゃないですか。音量が15とかの奇数だったら、右に入ってくる音が8、左は7みたいなことになるので、フツーに気持ち悪くないですか。やっぱり左右は均等にしないと。

でも嫁は、そういうことを言ってる俺の方こそ気持ち悪いって言うんですよね。そんなこと言われると正直、ドキっとするんだけど、どう考えても俺の理屈の方が合ってる気がするんです。**▼そこまで左右均等を気にするなら、テレビに対してどこに座るか、さらには顔の向きをどの角度にするかなどもこだわっていそうですが、本人曰く「そういうのはどうでもいい」そうな。**

いや、俺、本当に頭がおかしいと思ってますよ。この5年で10回くらい、同じ理由でスマホをダメにしてますから。

スマホをいじりながらウンコをする癖があるんですよ。

で、左手で紙をもって尻を拭いたあと、右手のスマホを便器に捨てちゃうんです。どっちの手にスマホがあるか、一瞬、わかんなくなるんですよね。

利き手が右だから普段は右手で尻を拭くんですけど、スマホを持ってトイレに行くときは左手で拭いてるんです。スマホは右手で握らないと上手く操作できないから。だからたぶんいつもの感覚で、右手のスマホをポイってやっちゃうんでしょうね……。

▼たしかに度を超す不注意っぷりですが、この方の場合、それ以上にヤバいのは学習能力の欠如かも。クソするときはスマホを置いてトイレに行ってください。よろしくお願いします。

会社にあるデスクとか自宅のテーブルが水平になってるかどうかがすっごく気になるタチなんですよね。

　一見、どこも異常がなさそうな住宅とか建物でも、必ずほんの少し傾きがあるもんなんです。もちろん、生活に支障はないし、傾きに気づく人もほとんどいないレベルですけど、僕はそういう些細な傾きもイヤなんです。やっぱり完璧に水平じゃないと。だって傾いたテーブルやデスクで食事したり仕事しても、落ち着かないし、いろいろと悪影響が出そうって思っちゃうんですよね。

　だから、僕の会社は5年に一度、フロアのレイアウトが変わるんですけど、席替えの日は水平器を家から持参するんです。それで測って水平になってるならそれでよし、ちょっとでも傾いてたら他のことはそっちのけで調整するわけです。デスクの脚の下に紙を一枚ずつ敷いたりと、細かく慎重に。

家でも同じです。新しい棚とかテーブルを買ったら、まず水平器で必ずチェックしますし。我ながら変だなとは思うけど、こればかりは止められないんです。**▼机の角に合わせて書類などをきちんと置いたりする人はときどき見かけますが、この方もあの手の人たちと同類なのでしょう。ただ水平器まで持ち出すあたりは、ソートーに偏執的ですが。**

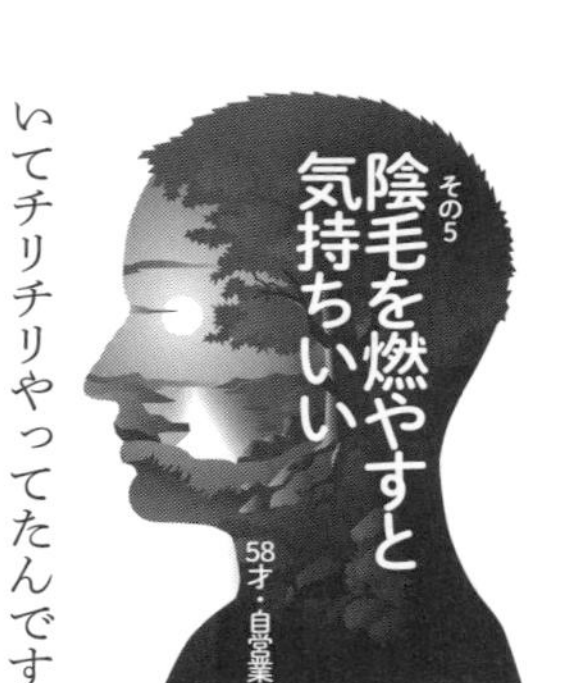

その5 陰毛を燃やすと気持ちいい

58才・自営業

これ、いままで誰にも話したことのない話なんですけど、この際だし教えます。

俺、陰毛を燃やしたときのニオイがすごく好きで、高校のころからよく毛を抜いてチリチリやってたんです。ロクに勉強もしないで。

そこまでなら大した話じゃないんですけど、俺の場合は、そこからだんだん行動がエスカレートしていっちゃったんですね。ある時期から陰毛を抜かずに、直接生えてる場所にライターをかざして、あちこちを一気に燃やすようになったわけです。その方がニオイも強烈だったので。

それに、陰毛に燃えうつった火が、チリチリしながら皮膚に近づいてくるときのスリルっていうんですか。あれもクセになりまして。とにかくそんな調子でどんどん生えてる陰毛を燃やしていって、チンチンの周りがツルツルになったらそれでおしまい。

で、そこから陰毛が生えて、ある程度の長さまで伸びたらまた同じことをやるって感じです。もさもさに生えそろった状態を見ると、こう、いてもたってもいらんなくなるんですね。

どうでしょう。もう40年以上は続けてきてるわけですけど、その間、数えきれないほど思いましたよ。俺、完全に頭イカれてるなあって。▼**ちなみにこの方、サウナが大好きなんだそうですが、パイチン期間中は人目が気になって自粛してるそうです。そこまでしてでもチン毛を燃やしたいとは…。まさにクレイジー！**

その6　右で階段を上り左で終わる

49才・会社員

病気なのかわかんないんですけど、変なこだわりならありますよ。出勤中でもプライベートでも階段を上がるときは必ず右足からで、階段を上り切ったときは左足で終わら

ないと気が済まないんです。

自分の中でジンクスみたいになってるんでしょうね。このルールを守らないとその日なんか悪いことが起きそうみたいな。根拠なんてないんですけど。だから、たまに考えごとしながら階段を上っちゃうと大変ですよ。途中でふと「あれ、俺、右足から上ったたっけ?」となって、思い出せないときはいったん下まで降りてまた上り直すんですから。

あと困るのが、奇数で終わる階段のとき。偶数じゃないと右始まりの左終わりにならないでしょ。そういう場合は、最後の2段分を一気に上って帳尻合わせするしかないんですが、そうしたらそうしたでまた問題が出てくるんです。

2段分を上って左足終わりにするには、そのときに左足にプラスの負荷がかかるわけでしょ。それが気になるんです。

なんで、2段飛ばしをしたときは、階段を上がりきったところで、ケンケンして右足にも負荷をかけてます。忙しい通勤時にこんなことしてるなんて、我ながらバカみたいですよ。

▼何だか大変だなあ。自分で勝手に決めたジンクスにがんじがらめになってるようです。ケンケンで負荷を調整するくだりでは爆笑してしまいましたが。

その7 橋をつくった人がボルトを締めてないかも

40才・自営業

過度な心配性って言うんですかね。たとえば寿司屋に入っても「この板前、本当にきれいな手で握ってんのか、便所行っても手を洗ってないいんじゃないか」って疑っちゃうみたいな。

とにかく物事を楽観的に考えるのが苦手で、自分でもホントに困ってるんですけど、なかでも苦労してるのが橋を渡るときです。

さっきの寿司屋の話みたいなもので、この橋を建設す

るとき、作業員のひとりが「俺ひとりくらいいっか」って気持ちでボルトをちゃんと締めてなかったらどうしようと不安になるんですよね。しかもそれで終わりじゃなくて、「俺ひとりくらいいっか」のヤツが他にもっといたらって具合にどんどん恐怖が増幅して動悸も激しくなるんです。

いや、さすがにそういう状態でもちゃんと橋は渡りますよ。だっていちいち避けてたら大変じゃないですか。でも、橋を渡ってるときはずっと脅えてます。

そういえば来週末、車で家族旅行するんだけど、子供の要望で伊豆の方へ出かけるんです。あのあたりって、吊り橋とかあるイメージだから、いまから気が重いです。**▼橋を渡るたびにドキドキ。これは本当にヤバいやつっぽいので、はやく病院に行くのがよろしいかと。**

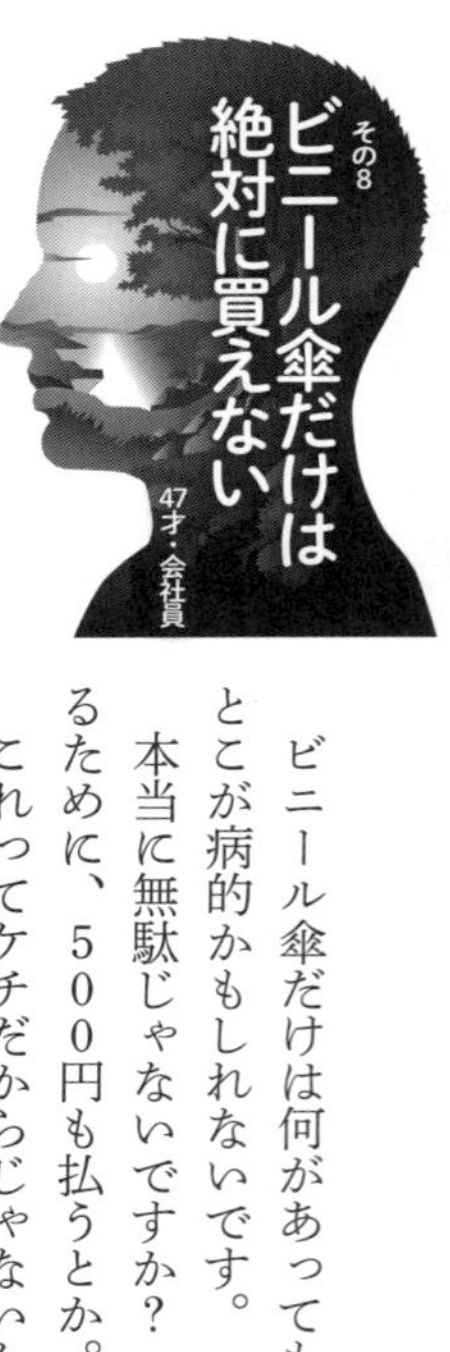

その8 ビニール傘だけは絶対に買えない

47才・会社員

ビニール傘だけは何があっても絶対に買いたくないってとこが病的かもしれないです。

本当に無駄じゃないですか？　たった1回だけ雨を避けるために、５００円も払うとか。

これってケチだからじゃないんですよ。他のモノだったら普通にカネを払って買ってますし、１００円ライターとかもバカらしいけど、ちゃんと買ってます。

ビニール傘だけが嫌なんです。あれに払う500円は5万にも感じるっていうか。

だから会社帰り、最寄り駅に着いて雨が降ってたら、まずはしばらく雨宿りです。でも小雨にならなかったら、そのへんの駐輪場に行って、自転車にさしてる傘を盗むことを考えます。

それで見つからなかったら、店舗の入り口の傘立てを探して、それでもなかったら濡れて帰ります。**▼これはわかる。この世にビニール傘を買うことほどアホらしいもんはない。でもこれって病気というより、やはり単にケチってるだけなんじゃ…。おそらくこの人もおれも、実は雨に濡れることがさほど苦にならないタイプで、だから相対的に傘の価値も低くなるのだろう。**

その9 バッテリー満タンじゃないと外出できない

24才・派遣社員

スマホのバッテリーが１００％にならないと外出できないんですよ。

別に出先で充電が切れることを心配しているわけじゃないんです。モバイルバッテリーも持ってますし。

そういうことじゃなくて、単純に１００％になってないのが気になるんです。塗り絵をしてて塗り残しを放置すると落ち着かないじゃないですか。あれと同じですよ。だからたとえ99％でもダメなんです。必ず１００％じゃないと。

もちろん、いまは働いてるから、夜帰宅したときに必ず充電して、翌日にちゃんと備えてますよ。

ただ困るのが、仕事終わりに飲み会とかで酔っぱらっちゃって、充電をし忘れるときですよ。

もしそんなことがあれば、朝ソッコーで会社に電話して病欠するようにしてます。だって10％くらいからフル充電まで待ってると確実に遅刻でしょ。

しかも最近、そういうパターンの休みが増えてきて、上司にネチネチ言われてるんですよね。まあ、夜に充電するのを忘れなきゃいいだけなんですけど…。**▼充電100％を気にしすぎるのも病的ですが、より深刻なのはソレをどんな物事よりも最優先事項にしていることだと思います。クビにならなきゃいいけど。**

たとえば「最近、カゼ引いてねえなあ」ってことを口にしたとしますね。そしたら実際にカゼを引いちゃうんじゃないかって思うんです。
要するに、思い上がりやうぬぼれを聞いた神様みたいなものが許さないんだと。だからそんなときは、わざわざ「あ、

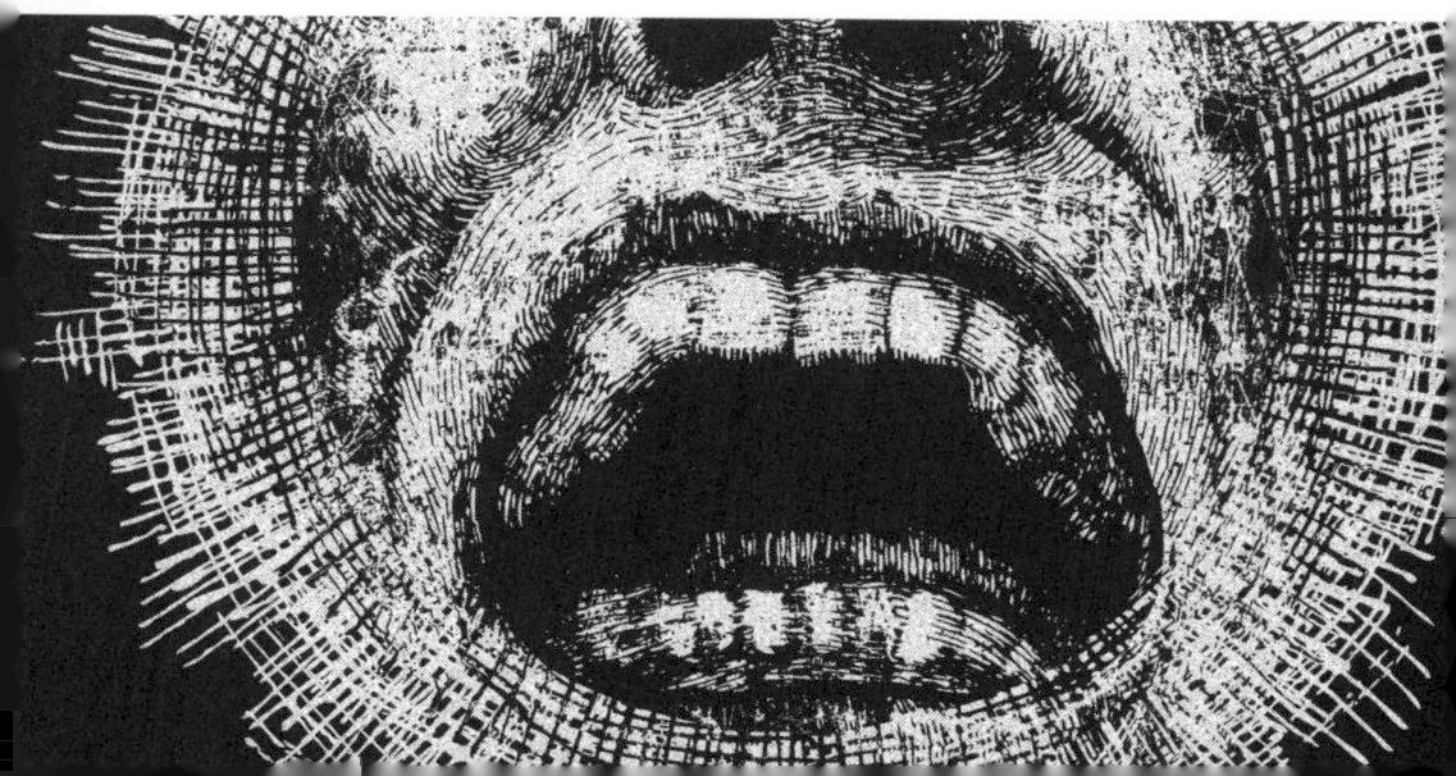

でも今つぶやいたから風邪ひくかもしんない」って、つぶやき直すんです。これで助かるんです。うぬぼれが消えたから。

これはなかなか面倒ですよ。こないだも嫁の母親が遊びに来てて、8才の孫のことで「大きな病気もなくていいわよね」なんて言うもんだから、「ええ、そうですね」って返しちゃって。

あ、これはヤバイと思ってトイレに入ってつぶやき直しですよ。「さっきので大きな病気になるかもしれない」って。これでようやく神様の怒りをおさえたわけです。▼**いわば逆コトダマのようなものでしょうか。この生活はしんどそうだ。**

クレ556ってわかります？　金属のサビを落としたり、自転車のチェーンの潤滑油に使えたりする便利なスプレーなんですけど、あれを夜中に噴射しにいくクセがあります。公園のブランコのキーキー鳴るとことか、ゴミ捨て場のドアのちょうつがいとかにプシューっと。確実にきしみがなくなりますから。

別に感謝されたいわけではなくて、とにかく世の中からきしみがなくなることが気持ちいいだけのことで。おかげで職質されたこともありますよ。説明してもまったくわかってもらえなかったですけどね。▼**そりゃ警察だって怪しむだろう。世の中からきしみをなくしたい男なんて。**

その12 妄想ケンカが声に出る

27才・ショップ店員

俺、誰かに対してムカつくことがあると、いつも頭の中でそいつとケンカするシーンを想像するクセがあるんですよ。あ、ケンカとは違いますね。一方的にそいつを暴行する感じでしょうか。もうメチャクチャに殴ったり蹴ったりして。

そうすると怒りがだんだん収まってくるから便利っちゃ便利なんですけど、やっかいなこともありまして。

頭の中でムカつく相手を殴ってると、その動きに合わせて実際に声が出ちゃうんです。ふと気が付くと「オラ、ナメてんじゃねえぞ！」とか「ぶっ殺すぞ、クソが！」みたいなことをブツブツしゃべってるんですよ。ヤバくないですか？

この妄想ケンカ、職場の服屋でよくやってるんですけど、別のスタッフに「どうしたの？　大丈夫？」って、マジ顔で心配されたことが何度かありますし。

でも一番ヤバかったのは、店のオーナーに怒られた直後に、妄想でそいつを半殺しにしてたときですね。「ムカつくんだよ！」ってセリフを本人に聞かれてしまって、「おい、それ俺に言ってんのか？」って本気で詰められたんです。あんときはマジで泣きそうになりましたよ。**▼これはちょっとわかる。おれもオナニー中、妄想に熱が入り過ぎて、思わず「乳首も舐めて〜」とか言っちゃうし。…ヤバい、これ病気だったのか。**

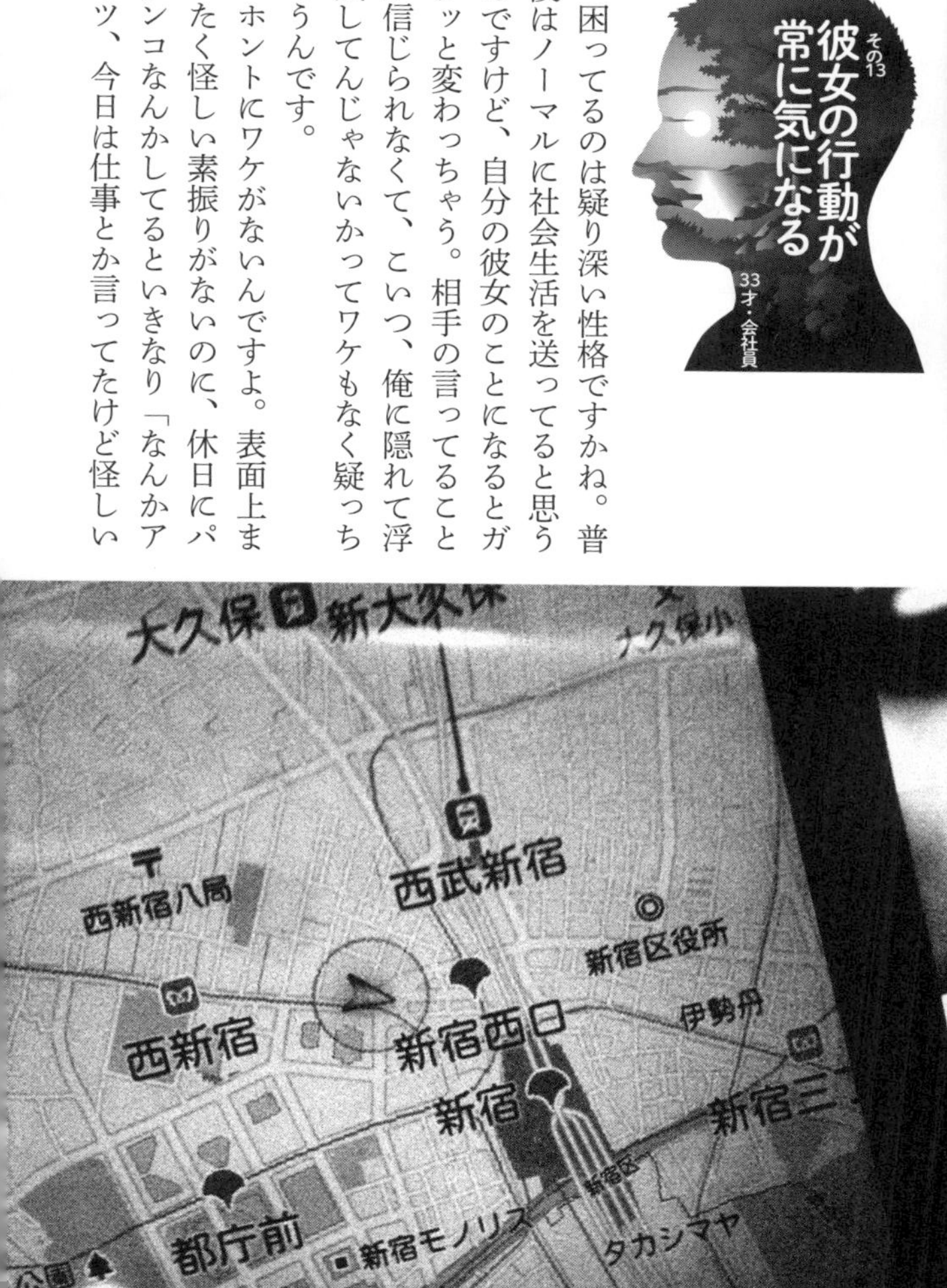

その13　彼女の行動が常に気になる

33才・会社員

困ってるのは疑り深い性格ですかね。普段はノーマルに社会生活を送ってると思うんですけど、自分の彼女のことになるとガラッと変わっちゃう。相手の言ってることが信じられなくて、こいつ、俺に隠れて浮気してんじゃないかってワケもなく疑っちゃうんです。

ホントにワケがないんですよ。表面上まったく怪しい素振りがないのに、休日にパチンコなんかしてるといきなり「なんかアイツ、今日は仕事とか言ってたけど怪しいなあ」って思っちゃうんですから。で、実際に彼女の職場まで出かけていって、会社の外から電話して確かめる、みたいなことがしょっちゅうあるんです。

あと基本、付き合う女には必ずスマホにＧＰＳ追跡のできるアプリを入れさせるんですけど、だいたい1時間おきに所在を確認してますね。そこでホテル街のあるエリアになんかいたら大変ですよ。

そういうときって飲み会の日が多いんですが、店の近くで彼女を張って、ちゃんと家に帰るまで尾行してます。当然じゃないですか。ホテルに向かわなくても、男の自宅に行く場合だってあり得るんですから。

でも実際の話、そういうことやってて、彼女の浮気を突き止めたことって一度もないんですよね。なのに何でこんなに疑ってしまうのか、自分でもよくわからなくて。そのくせ僕自身はちょこちょこ他の女と遊んだりもしますし。たぶん自分が浮気してるから彼女のことを信じられないのかも。

とにかく、こういう性格のせいで、交際が長続きしないんですよ。本当に自分が嫌になります。▼**聞いているうちにいろいろと心配になりました。いずれこの方が事件を起こさないよう切に祈るまでです。**

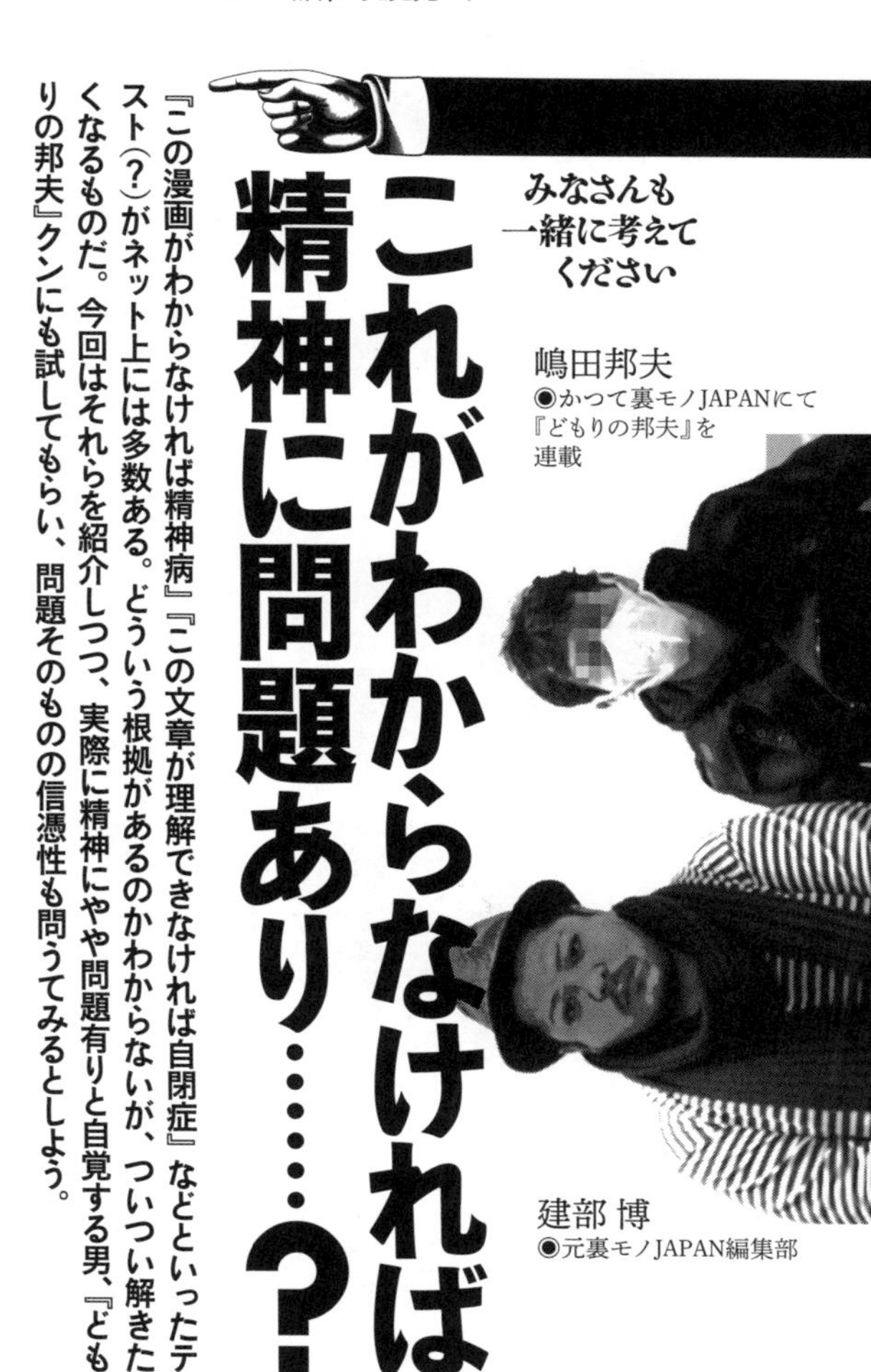

これがわからなければ精神に問題あり……？

みなさんも一緒に考えてください

嶋田邦夫
◉かつて裏モノJAPANにて『どもりの邦夫』を連載

建部 博
◉元裏モノJAPAN編集部

『この漫画がわからなければ精神病』『この文章が理解できなければ自閉症』などといったテスト(?)がネット上には多数ある。どういう根拠があるのかわからないが、ついつい解きたくなるものだ。今回はそれらを紹介しつつ、実際に精神にやや問題有りと自覚する男、『どもりの邦夫』クンにも試してもらい、問題そのものの信憑性も問うてみるとしよう。

チェック①

この文章の意味がわからなければコミュニケーション力が低い

心優しい王がいました。
王は意地悪な女性と結婚しました。
王は愛され王妃は恐れられました。
ある日、王が中庭を散歩していると
一本の矢が王の胸を貫きました。
王は命と最愛の女性を失いました。

●―建部　❖―邦夫
どもり口調は修正しています

❖最後が意味不明ですね。
●どういうこと？
❖命を失うのはわかりますけど、最愛の女性って誰ですか？
●王妃かな。
❖王妃のことは恐れているんだから違いますすね。
●ここに出てきてない誰かということかな。
❖そうなりますすね。ん？　矢を放ったのが王妃かも。

●ほう。

❖それでもわかりませんね。何だろ………。

解説

最後の一文で「？」となるかどうかが試されている。

理解できない人は、『最愛の女性』とは誰のことかがわからずに考え込んでしまう。王妃は最愛の女性ではないはずだし、と。三行目を「王は（王妃に）愛され、王妃は（王に）恐れられた」ととらえるためだ。

しかしこの文章をすんなり理解する人は、三行目を「王は（民衆に）愛され、王妃は（民衆に）恐れられた」と受け入れている。結婚した相手こそが最愛の女性なのだから、最後の一文もスラスラわかる。

両者の違いは、「意地悪」「恐れられている」などの記述を、当然のように〝王もそう思っている〟ととらえるか否かだ。

コミュニケーション能力の低い人は、我が目で見、感じたモノゴトを、他人も同じように見、感じているものと思い込んでしまう傾向がある。そのクセで、文中に書かれた情報を、登場人物も共有していると思い込むと、最後の一文は意味がわからないことになる。

チェック② この漫画の意味がわからなければ想像力欠如

オリジナルと別タッチで描き直しています

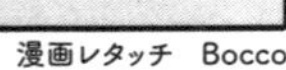
漫画レタッチ　Bocco

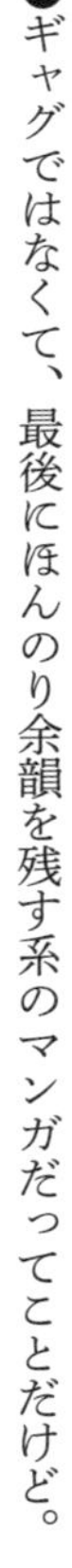
●ギャグではなくて、最後にほんのり余韻を残す系のマンガだってことだけど。

❖笑えないですもんね。さっぱりわかんないですね。宅配便でネコの置物が届いたわけですよね。

●え？
❖ああ、最初の女の子が送ってきたのかな。なんででしょう？
●まだ荷物は届いてないシーンみたいだけど。
❖いや、だって前のコマに猫はいないから、今届いたんじゃないですか？
●はあ。
❖なんで猫なんでしょう。うーん……。

解説

この後、宅配便に応対するうちにネコが毛糸玉をグチャグチャにしてしまうってことかな、ぐらいの発想が少しでも頭をよぎれば正常。が、先の行動を予測できない、想像力の欠如した人はまったくトンチンカンな方向で考えてしまう。

チェック③ サンタが笑った理由がすんなりわかるか？

クリスマス、トムはサンタクロースからのプレゼントを楽しみにしていた。

朝起きるとクリスマスツリーの下にプレゼント箱が三つほどあった。窓からサンタが中を覗いているのが見える。

サンタはニタニタと笑いながらトムを見ている。トムはニタニタ笑っているサンタを見て少し不機嫌に思いながらもプレゼントの置いてある所に行った。

トムはまず一つ目のプレゼントを手に取った。サンタは更にニタニタと笑っている。

プレゼントの箱を空けると中から長ズボンが出てきた。トムは少しがっかりしたような表情をしながらも次の箱を手に取った。サンタは腹を抱えて笑っている。

二つ目の箱を開けると中からサッカーボールが出てきた。トムはますます不機嫌になり、とても腹が立った。

トムは続けて一番大きな最後の箱を開けた。すると中から自転車が出てきた。サンタは雪の上を転がりまわって笑っている。トムはとうとう耐え切れなくなって泣き出してしまった。

なぜこのサンタは笑ったのか？

❖あー、これはトムに足がないからです。
●ほう。
❖長ズボンとかサッカーボールとか自転車とか、どれも足がないから遊べないんです。だから意地悪なサンタが笑ってるんでしょう。
●はぁ。

解説

「足がないトムを笑っている」が正解だが、普通はすぐには出てこない。長ズボン、サッカーボール、自転車の共通点を探ったうえで、かつブラックな話にまとめあげ、ようやくたどりつく答えだ。

これが瞬時にわかってしまうのは、〝弱者は笑われるもの、差別されるもの〟という意識が普段から植え付けられているからだ。

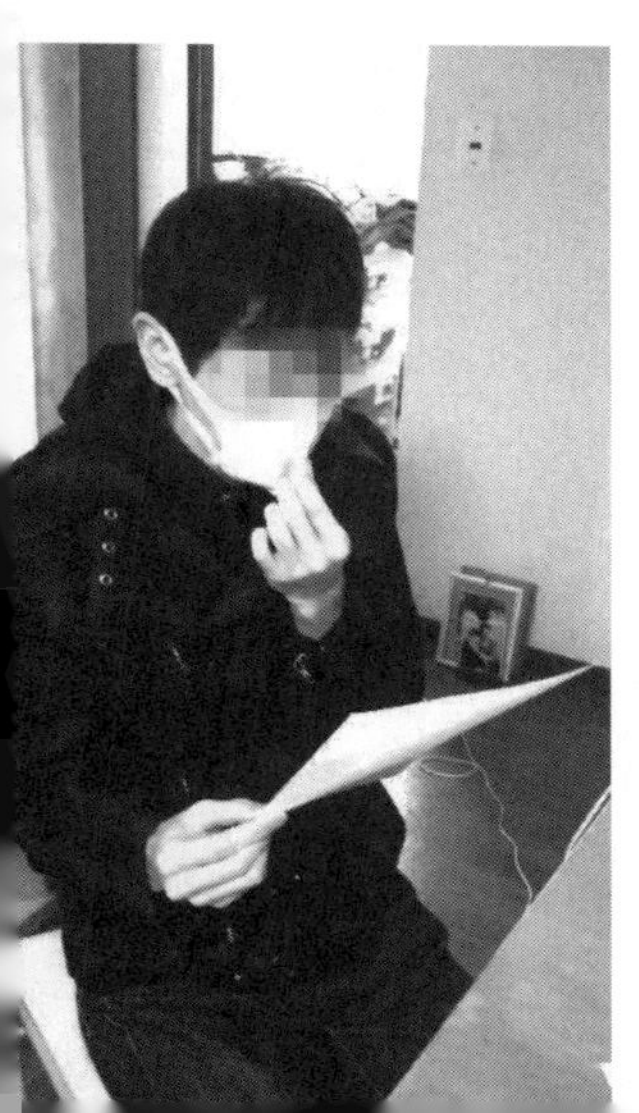

チェック④ 答えによってはサイコパス傾向あり

あなたは眠れず、自宅マンションのバルコニーに出た。
するとある男が、ある女を刀で刺し殺していた。
あなたがあわてて通報しようと携帯を手にしたとき、
その男と目が合ってしまった。
その男はあなたの方を指してその手を一定の動きで動かした。
どのような意味があるのか？

❖おそらく場所を確認してるんだと思います。
●場所？

❖目撃者を、指さしてるんですよね？　たぶんマンションのどの階のどの部屋かを数えてるんです。
●どうして？
❖次に殺しに行くためですよ。現場を見られちゃったから。

解説

一般的には「警察に通報するな」と無言で命令されたものととらえる。たまたま目撃者になってしまったときを想像すればそれがごく自然な発想だ。が、反社会的なサイコパス的人格を持った人は、この問題を加害者側の目線で回答する。殺人現場を見られたらどうするか。マズイ。あいつも消さねば。
邦夫の回答はまさにその典型と言える。

チェック⑤ 最後の『え…』の意味がわからなければ対人感覚に難あり

●これも起承転結のあるマンガじゃなくて、最後のコマの女の子の心理がわかるかどうかなんだけど。

❖うーん………。

(無言のまま3分ほどが経過)

●どう?

❖792円でしょ。お釣りをもらい忘れたとか………。

●そこに注目するんだ。

❖他に何があります?

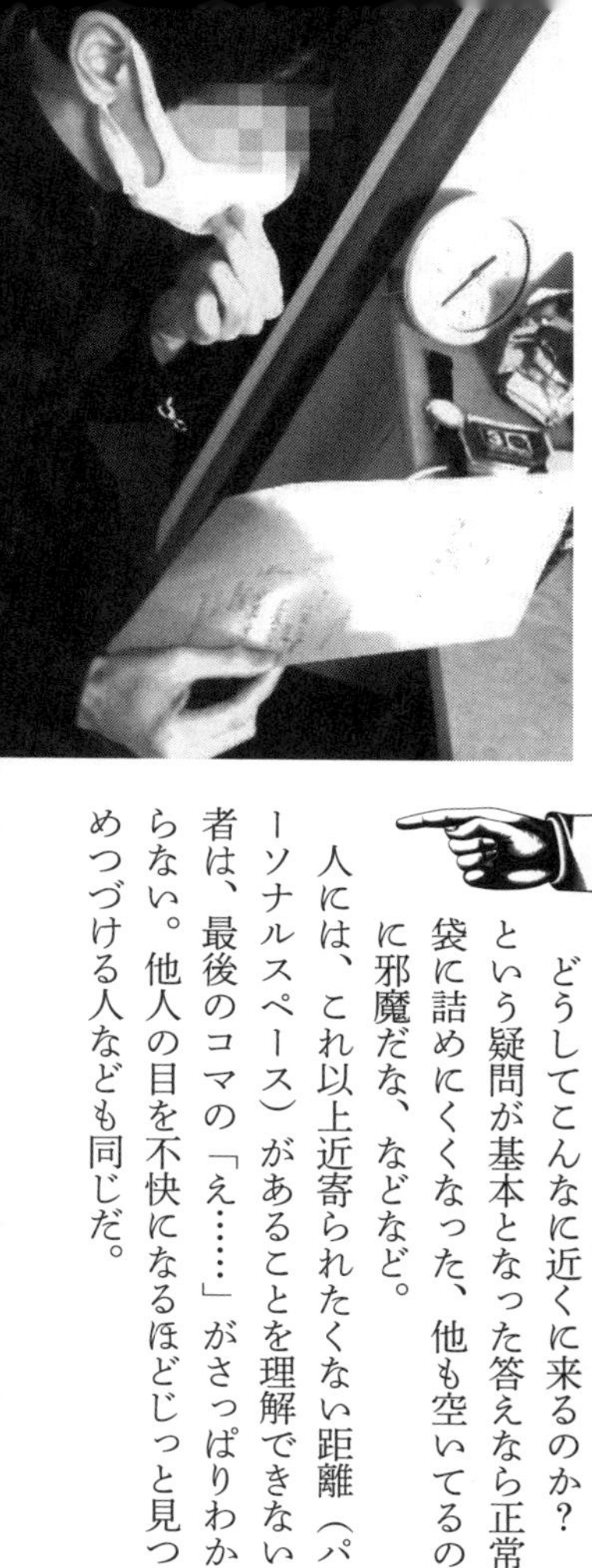

解説

どうしてこんなに近くに来るのか?という疑問が基本となった答えなら正常。袋に詰めにくくなった、他も空いてるのに邪魔だな、などなど。

人には、これ以上近寄られたくない距離(パーソナルスペース)があることを理解できない者は、最後のコマの「え……」がさっぱりわからない。他人の目を不快になるほどじっと見つめつづける人なども同じだ。

素直に読んでください。どんなイメージを持ちますか

りんご

両手をどんなに
大きく　大きく
ひろげても
かかえきれないこの気持ち
林檎が一つ
日あたりに転がっている

●ぱっと感じたイメージを言ってみて。

❖自分だけひとりぼっち、という印象ですね。

●ひとりぼっち？

❖一つだけ転がってるわけだから。かかえきれない気持ちか……。フラれたばかりで辛い気持ちを表現してるとかですかね。

解説

詩の解釈はさまざまなのでもちろん正解などはない。体中から希望があふれ出す様をイメージした人もいれば、悩み苦しむ姿を思い描いた人もいるだろう。どちらにせよ、その人の持つ気質が現れた結果だと考えればよい。

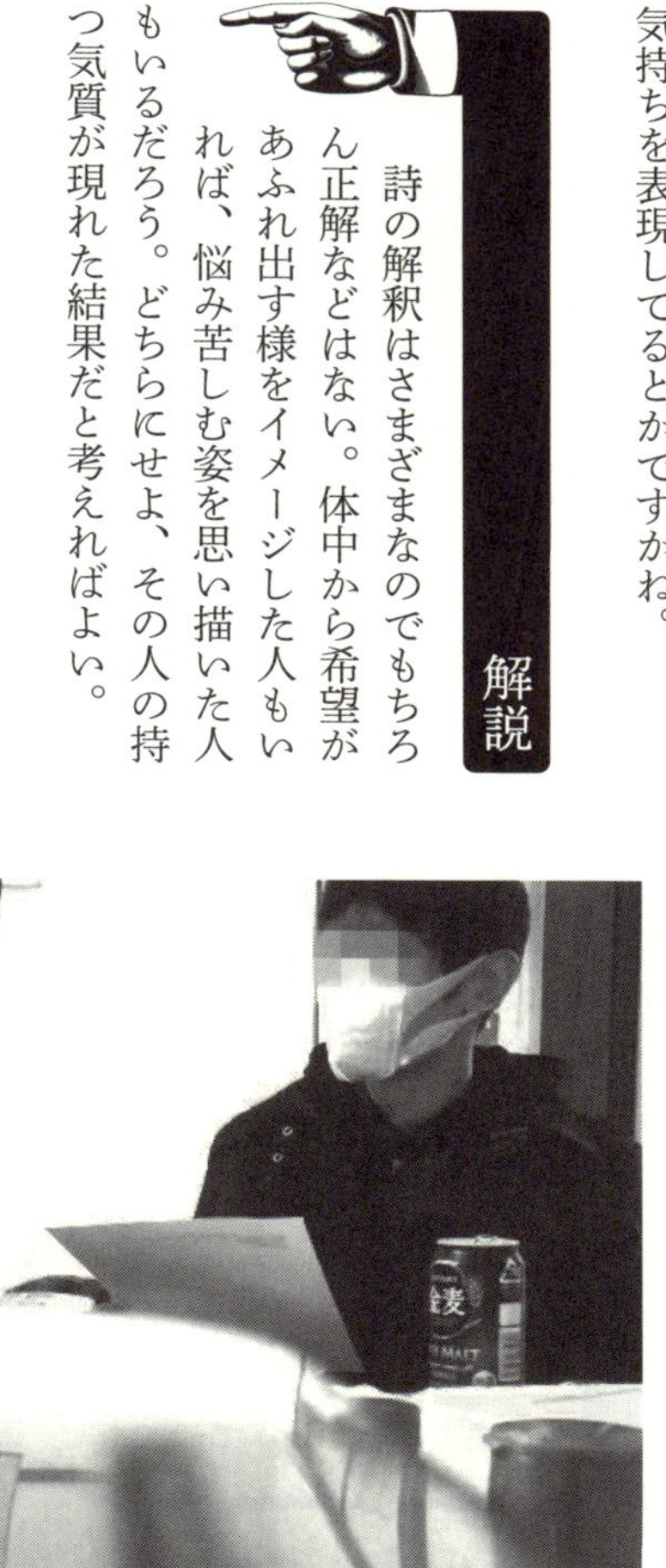

チェック⑧

素直に読んでください。感想によってはアスペルガーかも

対人関係障害

ある病室に2人の末期ガンの患者が入院していた。1人は窓側のベッド、もう1人はドア側のベッドだ。

2人とも寝たきりの状態だったが、窓際のベッドの男はドア側のベッドの男に窓の外の様子を話してあげていた。

「今日は雲一つない青空だ」

「桜の花がさいたよ」

「ツバメが巣を作ったんだ」

そんな会話のおかげで、死を間近に控えながらも2人は穏やかに過ごしていた。

ある晩、窓際のベッドの男の様態が急変した。自分でナースコールも出来ないようだ。

ドア側の男はナースコールに手を伸ばした。が、ボタンを押す手をとめた。

「もしあいつが死んだら、自分が窓からの景色を直接見れる…」

どうせお互い先のない命、少しでも安らかな時をすごしたいと思ったドア側のベッドの男は、自分は眠っていたということにして、窓側のベッドの男を見殺しにした。

窓側のベッドの男は、そのまま死亡した。

晴れて窓側のベッドに移動したドア側のベッドの男が窓の外に見たのは、打ちっ放しのコンクリートの壁だった。

●感想をどうぞ。
❖嫌なヤツって感じですね。
●どっちが？
❖どっちもです。
●理由は？
❖ずっとウソをついてたのもヒドイし、見殺しにしたのもヒドイですし。
●悪人たちの話だと。
❖そうですね。悪いヤツが最後に善人と思ってたヤツにしっぺ返しをくらった話ですね。

解説

窓際の男が優しい嘘をついていたととらえるのが正常な反応だろう。見殺しにしたもう1人も、ようやくそのことに気づき、この後に涙するような絵が浮かぶ。

しかしこのように人間社会にしばしばある無言の気遣いや心配りをいっさい理解できない人がいる。アスペルガー症候群の一種だ。彼らは他人の気持ちを推し量ることができないため、コミュニケーションで苦労することになる。

あなたの精神はマトモか……？

自らの隠れた気質、思いもよらない趣向などをあぶりだすテストがある。「この文章を理解できなければ精神に難アリ」「画像を見てその意図がわからなければ人の気持ちが理解できない」といった問題だ。街行く人からランダムに対象者を選び、テストを受けていただいた。

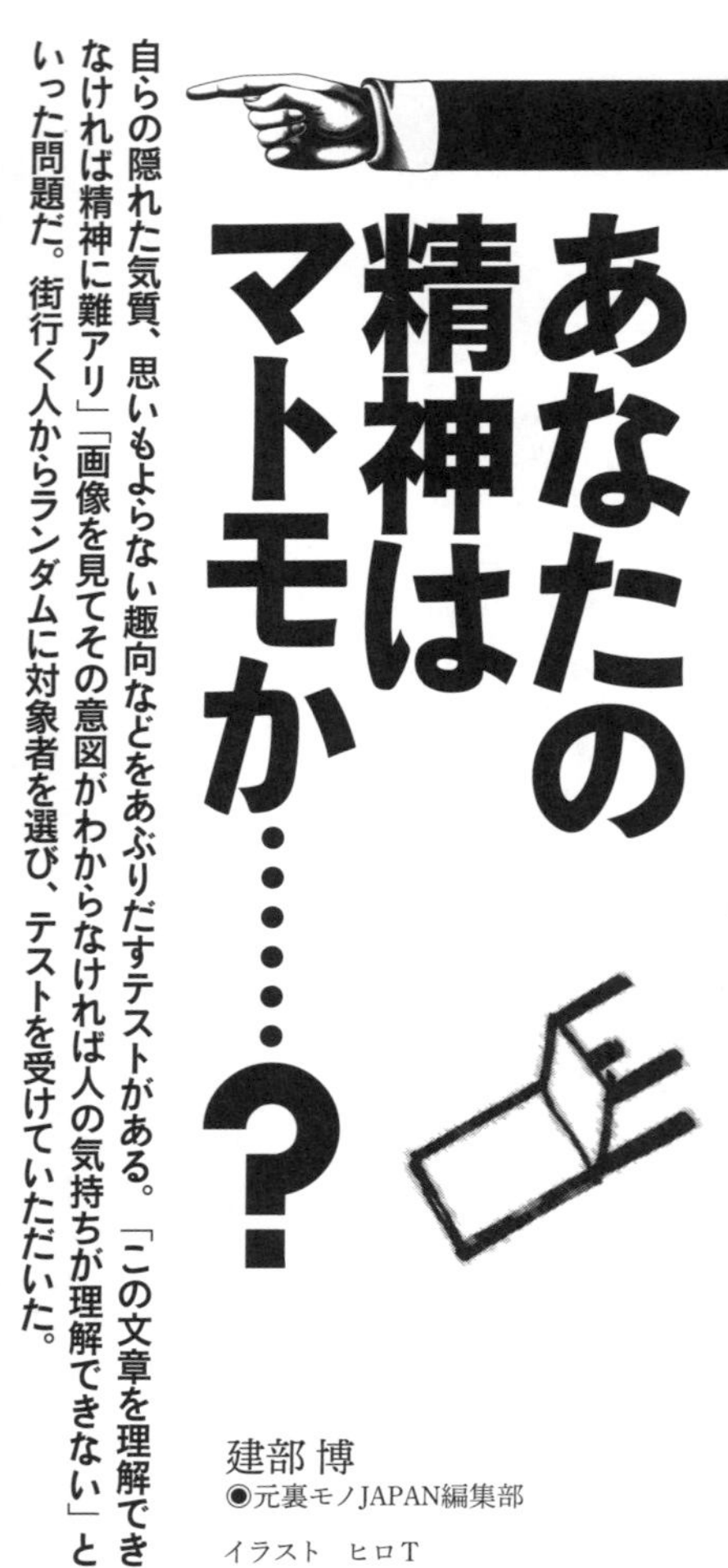

建部 博
◉元裏モノJAPAN編集部

イラスト　ヒロT

チェック① 男の行動が理解できたら被害妄想気質

夜中に何故か無性にラーメンを食べたくなった。

車を走らせて、やっているラーメン屋を探す。夜中なのでなかなかやっている店がない。

仕方ないので牛丼屋でも入ろうかと思っていた矢先、やっているラーメン屋を偶然にも発見した。

汚い店だが、背に腹は変えられない。

俺はその店に入った。

「うちは醤油ラーメンしかやってないよ」と言われ、その醤油ラーメンを注文した。

まあまあ美味かった。

次の日また食べたくなってその店に行ったが、すでに潰れていた。

…まあ仕方ない。

俺は帰宅して、首を吊った。

36才男性
建設会社勤務

おそらくですが、主人公は行った店がことごとく潰れていくことに悲観したんじゃないですかね。

牛丼屋もラーメン屋も、この男が行ったことで潰れてしまったと。潰れてしまうのは自分みたいなものが行ったせいだと。

なんというか、行く先々に災いを運んでる自分に気づいて、嫌気が差して結局自殺してしまったんだとおもいます。

解説

意味がわからないと答える人が大半だ。「まあ仕方ない」とあった直後に首を吊る流れはどうにも繋がりようがない。

お答えいただいた男性のようにみずからの行いによる悲劇的なストーリーを想像した人は被害妄想に陥りやすい不安定な気質と言える。

この捉え方をした人は、常日頃から自分があんなことしなければ〜、オレのせいで〜、みたいに考えるクセがついていることだろう。心身にかかるプレッシャーは相当なものだと思われる。

結果を受けて

ええー、そうなんだ。それは良くわかんないっすねー。

被害妄想かぁ。

自覚はないですね。いやまあ、たとえば仕事がうまくいかなくても部下のせいにしないでオレがすべて悪い、みたいに考えたりすることはありますよ。上司には「すべて僕の責任です」とか言っちゃったり。まあ実際部下をコントロールできなかったボクのせいだったりしますからねぇ。

チェック②　答えによっては自己中心的で傲慢、社会性に欠けた人間

次の文章を読んでください。

Aさんという女の子の家に、おじさんが遊びに来ました。Aさんはおじさんに食べてもらおうと思って、お母さんに手伝ってもらい、チーズケーキを作り始めました。

作りながらAさんは、食卓で待つおじさんに言いました。

「私、おじさんのためにチーズケーキを作っているのよ」

おじさんはこう答えました。

「ケーキは大好きだよ。チーズが入っているのはダメだけどね」

Aさんも周りの人たちも黙ってしまい、その場の雰囲気は一気に気まずくなりました
ここで質問です。この場を気まずくさせたのは誰だと思いますか？

33才既婚女性OL

どう読んでもオジサンが悪いと思います。子供がわざわざ、一生懸命ケーキを作ってくれたのに対して大人がこんなこと言ったらダメですよ。この女の子がオジサンの好みをわかってないことは仕方ないですし。

解説

普通の人は「オジサンが悪い」と答える。

だが一部にはそれ以外の答え、すなわちAちゃんやお母さんが悪いと答える種類の人間がいる。

キライなものを嫌いと言われただけで落ちこむAがオカシイとか、そもそも作る前にオジサンの好みを聞くべきだなど、オジサンを支持して疑わず、自分の主張を声高に発する

姿勢に共感するわけだ。自己中心的で傲慢な性格の持ち主といえよう。

結果を受けて

どんなことでも自分の思うようにならないと憤慨する、社会性に欠けた人間だ。

そりゃあそうですよ。ジコチューじゃなきゃそんな答えにたどりつかないですもん。ワタシ？　自己中ではないと思いますね。だってダンナがくれた誕生日プレゼントが気にいらなくても、絶対そんな態度とらないですからね。いちおう「ありがとう」って言いますし。アハハ。

チェック③ このキャッチコピーがわからなければ非モテ

えーと。夜景が見えるところに登って、その後下りてきたんですよね。友達と登ってるんですよね。うーん。恋人ってのがわからないですね。なぜいきなり出てくるのかな。

ああ、友達と登って、上でたまたま恋人と鉢合わせたとかですかね？　それだったら帰りは恋人と下りますもんね。一緒に来た友達にはゴメンなさいして、恋人と下りてきたのかな。やっぱわかんないなぁ。

東京スカイツリー展望台のPR広告だが、女性はこのキャッチコピーの意味を一発で理解する傾向にある。満天の夜景のチカラによって、晴れて恋人となり、展望台から下りてきたという解釈だ。展望台に到着するまではただの友達関係だった男女。まあ人並みの恋愛経験があればわかるコピーだが、非モテは友達が恋人に変わりうる現実に思いが及ばない。

ああ、そういうことですか。なんか恥ずかしいっすね……。童貞ではないです。まあ、そのへんはアレなんですけど。彼女はいないです。…できたことも、ないといえばないです。でも経験豊富だとしても、この文章はわかりにくいんじゃないかなと思いますよ。

なぜ少女はそこまで父を守ろうとするのか?
答えによっては幼いころの家庭環境に問題あり

ある少女が父親に虐待されていました。見かねた学校の先生が虐待をやめるように説得しようとしました。ところが父親はそれに耳を貸さず、それどころか教師になぐりかかりました。

そのとき、少女は隙を見計らって、父親ではなく教師を刺したのです。

なぜ少女は父を守りたかったのでしょうか?

42才既婚男性
運送関係

父親を刺しても良さそうなもんですけどね、それはしないんですよね。やっぱり一応は親だから。いくら暴力的でもね。

だから殴られたとしても、心の底ではやっぱり父のことは好きなんじゃないかなぁと思います。普段は嫌ってるかもしれないけど。

解説

『虐待されててもどこかで父のことは好きなはず』というのが真っ当な答えだ。

一方で『自分が生きてる意味がなくなるから』と答える向きがわずかにある。つまり「ワタシは親のストレス発散のために存在している」という自己認識だ。

幼少期に家庭環境が不遇だった者は、そのような強引な考えを助けに、不遇に耐えていることがある。

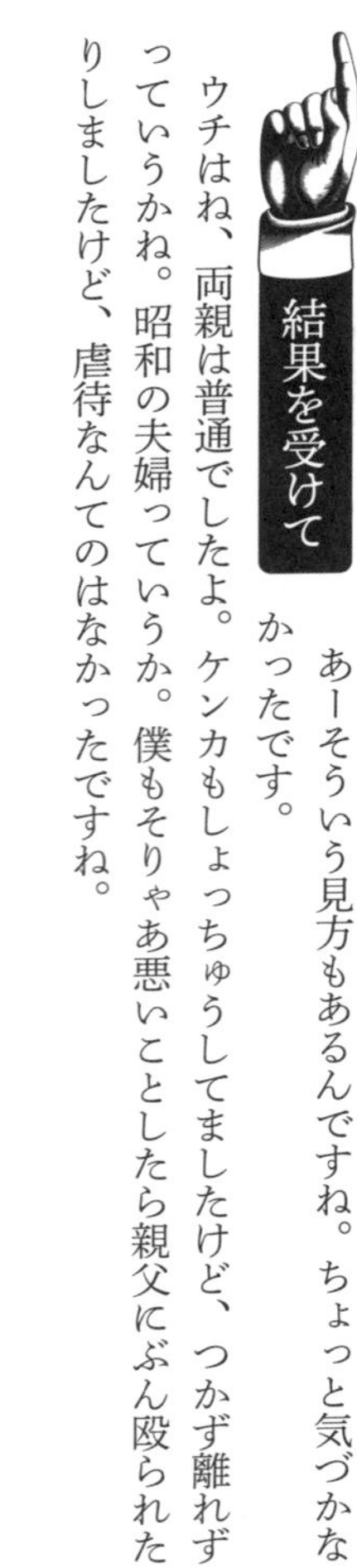

結果を受けて

あーそういう見方もあるんですね。ちょっと気づかなかったです。

ウチはね、両親は普通でしたよ。ケンカもしょっちゅうしてましたけど、つかず離れずっていうかね。昭和の夫婦っていうか。僕もそりゃあ悪いことしたら親父にぶん殴られたりしましたけど、虐待なんてのはなかったですね。

チェック⑤ 答えによっては狂っている

あなたはある人物の家に忍び込み、
その人を殺した。
そして部屋にいた無関係の
ペットと子供も殺した。
いったいなぜか？

子供は目撃者なので、口封じとして殺すってことだと思います。

ペットも同じですね。吠えたり騒いだりしたら困りますから。

「目撃者だから」「ペットが騒ぐと困る」などと考えるのがごく自然だ。

しかしこの問いに「あの世で子供とペットに会わせてやりたかったから」と答える者が存在する。

殺しておきながら憐憫を催すその精神は、狂人と言うほかかない。

結果を受けて

…よかった、オレ普通なんすね。さすがにそれは思いつかなかったです。

とりあえず自分、人殺しとかはしないタイプだと思うんで、このまま生きてこうと思います。

チェック⑥ 答えによっては異常犯罪に手を染める危険あり

あなたの夫が亡くなり、葬式が行われた。
あなたはそこで一人の男性に一目ぼれする。
あなたは数日後、自分の子供を殺した。
それはなぜか？

25才女性
派遣アルバイト

自分の子供を殺すなんてヒドイですよ。なぜ殺すのか、うーん。（30秒ほど考えて）……なんかワタシ、怖いこと考えちゃってるんですけど。

この女の人、またお葬式をやればその男の人に会えるって考えたのかもしれないです。

そのオトコの人は旦那さんの知り合いだと思うんですけど、知人の子供が亡くなったらお葬式に来ますよね。まあ、来る確率が高いと思うので。

解説

彼女の回答は、バラバラ殺人や大量殺戮といった犯罪史に残る残虐な事件をおこした犯人のものとほとんど同じである。一例をあげれば林真須美、麻原彰晃も同じ解答だったそうだ（あくまでウワサだが）。

要するに発想が短絡的なのだ。身近な人（ダンナ）が死んだら素敵な人があらわれたという事実を受けて、またあの素敵な人に会うためには身近な人（子供）を殺せばいいんだ、と考えてしまう。

ちなみに正常な人は、自分が恋愛する上でいずれ子供が邪魔になる可能性があるから、と答えることが多い。

結果を受けて

え……（固まる）。イヤだ～。なにこれ、ヤメてくださいよぉ。

そんなこと考えたこともないですから！　ホントに！　子供とか大好きなんで。

チェック⑦

答えによっては凶悪事件を起こしかねない

あなたの前に怪我をした男の肖像画がかかっている。
どこに怪我をしているだろうか。二ヶ所答えよ。

48才男性
物流会社勤務

えーっと、目かな。目から血がタラーンみたいな。
もうひとつは、そうだなぁ。首とかかな。首から血がドボドボとか。

解説

腕、足、腹などと答えるのはセーフ。逆に目や心臓などの死に直結する、もしくはダメージが大きい部分を挙げた人は少し心配だ。

怪我と聞いてすぐに致命傷を思い浮かべる者は、心の奥底に残虐な攻撃性を秘めていると言われる。

結果を受けて

あらら、そんな残虐とか、そういうつもりはナイんだけどねぇ。

うーん。そのへんの線で思いつくのは、昔カエルとかバッタとか切り刻んだりしてましたけどねぇ。足だけもいだりとかさぁ。でもやってたのは僕だけじゃないからねぇ。うん。

チェック⑧

答えによっては思考が悲観的

ある家族が妻の実家に遊びに行くために田舎までのバスに乗っていた。

山のふもとあたりまできたときに、子供が「おなか減った」とだだをこね始めたので、しょうがなく途中のバス停で降りて近くの定食屋で食事をすることにした。

食事が終わり定食屋に設置されているテレビをふと見ると、さっきまで家族が乗っていたバスが落石事故で乗員全員死亡というニュースが流れていた。

そのニュースを見た妻は、「あのバスを降りなければよかった…」と呟いた。

それを聞いた夫は、「何を馬鹿なことを言っているんだ！」と怒鳴ったが、すぐに「あぁ、なるほど。確かに降りなければよかった…」と妻の意図に気づく。

妻の意図とは？

39才男性
飲食店勤務

乗客が全員死亡したバスから逃げたなんて、遺族から一生恨まれますよ。遺族だけじゃなくて世間とかマスコミとかもそう捉えますから。そんな苦痛を味わって生きていくよりは死んだほうがマシだって気づいたんでしょうね。

解説

多くの人は熟考することだろう。バスを降りなきゃ良かった理由なんてなかなか見つからないからだ。少し間をおいて「ああ、自分たちが予定外の停車をしなければ落石のタイミングを逃れられたからだ」と気づく人が大半だ。

この男性のように即座に答え、なおかつ「一緒に死ねば良かった」などの悲観的な答えを出す人は珍しい。

物事をすぐに悲観的に考える傾向があり、意識的か無意識かは別にしても、

常日頃から『死』を意識していると考えられる。

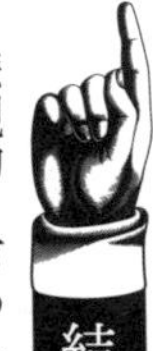

結果を受けて

ああ…そういうことかぁ。ちょっと思いつかなかったですねぇ。うーん。

悲観的と言われればそうかもなぁ。すごい苦しいなっていうのはいつも思ってますよ。自分、借金があって。仕事しててもいつもカネのことばっかり考えてて、「ああ、今日の給料もほとんど返済に消えるんだなぁ」とか思ってますね。だからこの解説は合ってるっちゃ合ってると思います。ツライっす。アハハ。

◆ 第2章 心が壊れた人たち

精神病院のある街
月刊「裏モノJAPAN」2016年1月号掲載

おやっさん、破壊光線に狙われてます!
電波野郎が組にやってきた
月刊「裏モノJAPAN」2006年3月号掲載

電波住宅は何を主張しているのか
月刊「裏モノJAPAN」2010年5月号掲載

奇声ハウス
月刊「裏モノJAPAN」2015年7月号掲載

1日7万突っ込んでもへっちゃら顔
パチンコ依存オバちゃんの破滅的な日々
月刊「裏モノJAPAN」2009年4月号掲載

なぜ春になるとアレな人が町に増えるのか?
月刊「裏モノJAPAN」2017年5月号掲載

東京大田区で29匹を毒殺した
猫殺しの犯人は誰だ?
月刊「裏モノJAPAN」2014年11月号掲載

◆ 第3章 あなたの精神は大丈夫か?

人は皆、病名のない病気なのかもしれない
月刊「裏モノJAPAN」2017年12月号掲載

みなさんも一緒に考えてください
これがわからなければ精神に問題あり?
月刊「裏モノJAPAN」2013年2月号掲載

これがわからなければ…
あなたの精神はマトモか?
月刊「裏モノJAPAN」2015年1月号掲載

初 出 一 覧

◆第1章 僕らはみんな病んでいる

アナタは「病んでない」と断言できるか？
月刊「裏モノJAPAN」2007年1月号掲載

編集部＝種市の初めてのメンタルクリニック
先生、仕事をする気が起きないんです
月刊「裏モノJAPAN」2007年1月号掲載

常軌を逸したイタズラは１本の電話から始まった
恐怖の読者
月刊「裏モノJAPAN」2007年1月号掲載

AVスカウトマン金森遊が出会った
ココロが壊れた風俗嬢
月刊「裏モノJAPAN」2007年1月号掲載

なぜ、彼らは路上で奇声をあげるのだろう？
歌舞伎町の風紀委員長こと、名物オバチャンA美さんの真実
月刊「裏モノJAPAN」2007年1月号掲載

鉄格子の向こう側はどんな世界？
現役看護師が語る、これが精神病院だ！
月刊「裏モノJAPAN」2007年1月号掲載

キャリア15年のベテラン精神科医が告白す
私が殺した５人の患者たち
月刊「裏モノJAPAN」2007年1月号掲載

リアル精神疾患ルポ

僕らはみんな病んでいる

2019年11月18日　第1刷発行

著　者　「裏モノJAPAN」編集部《編》
発行人　稲村 貴
編集人　平林和史
発行所　株式会社 鉄人社
〒102-0074 東京都千代田区九段南3-4-5 フタバ九段ビル4F
TEL 03-5214-5971　FAX 03-5214-5972
http://tetsujinsya.co.jp

カバーイラスト　加藤裕將
デザイン　細工場
印刷・製本　株式会社シナノ

ISBN978-4-86537-174-1　C0176

本書へのご意見、お問い合わせは直接、弊社までお寄せくださるようお願いします。